陕西省文化产业发展研究

郭荣春 著

西北工业大学出版社

西　安

【内容简介】 本书从陕西省动漫文化产业、陕西省民俗文化产业、陕西省体育文化产业、陕西省科技文化产业等方面进行论述,分析陕西省文化产业发展的现状、问题和发展策略,借鉴国内外文化产业发展的先进经验,探索出一条适合陕西省文化产业发展的道路,为陕西省文化产业的发展提供有效建议。

图书在版编目(CIP)数据

陕西省文化产业发展研究 / 郭荣春著 . —西安:西北工业大学出版社,2020.11
 ISBN 978-7-5612-7401-9

Ⅰ.①陕… Ⅱ.①郭… Ⅲ.①文化产业-产业发展-研究-陕西 Ⅳ.①G127.41

中国版本图书馆 CIP 数据核字(2020)第 219523 号

SHAANXISHENG WENHUA CHANYE FAZHAN YANJIU

陕 西 省 文 化 产 业 发 展 研 究

责任编辑:李文乾 蔡晓亮		策划编辑:杨 军	
责任校对:朱辰浩		装帧设计:李 飞	
出版发行:西北工业大学出版社			
通信地址:西安市友谊西路 127 号		邮编:710072	
电 话:(029)88491757,88493844			
网 址:www.nwpup.com			
印 刷 者:西安五星印刷有限公司			
开 本:710 mm×1 000 mm	1/16		
印 张:10.5			
字 数:188 千字			
版 次:2020 年 11 月第 1 版	2020 年 11 月第 1 次印刷		
定 价:59.00 元			

如有印装问题请与出版社联系调换

前　言

发展社会主义先进文化、广泛凝聚人民精神力量,是国家治理体系和治理能力现代化的深厚支撑。文化产业的发展程度体现了经济和文化的融合程度,也成为衡量一个国家经济发展水平的重要标志。陕西省历史资源得天独厚,民间文化灿烂多彩,"文学陕军"独树一帜,红色文化资源丰富,地理文化独具特色。陕西省文化产业发展潜力巨大,如何继承文化传统,如何以创新理念发展文化产业成为陕西省需要面对的课题。

本书从陕西省动漫文化产业、陕西省民俗文化产业、陕西省体育文化产业、陕西省科技文化产业等方面进行论述,分析陕西省文化产业发展的现状、问题和发展策略,借鉴国内外文化产业发展的先进经验,探索出一条适合陕西省文化产业发展的道路,为陕西省文化产业的发展提供有效建议。

本书以笔者参与的相关科研项目为依托,是笔者学术研究方面的最新成果,也是陕西省社科界 2019 年重大理论与现实问题研究项目(编号：2019Z128)、陕西省提升公众科学素质研究计划项目(陕科协发〔2019〕普字 21 号)、陕西省创新能力支撑计划软科学研究计划一般项目(编号：2020KRM036)的阶段性成果。

在编写本书的过程中,参阅了相关文献资料和研究成果,书中引用的动漫影视作品图片仅作教研使用,并对其作者表示衷心的感谢。

由于水平有限,书中难免存在不足之处,敬请各位读者批评指正。

郭荣春
2020 年 9 月

目　　录

第1章　接受美学视域下的动漫产业发展 …………………………… 1
　　1.1　接受美学与动漫产业 ………………………………………… 1
　　1.2　动漫的接受客体与接受主体 ………………………………… 5
　　1.3　从日本动漫在中国的接受反观中国动漫现状 ……………… 13
　　1.4　从美国动漫在中国的接受反观中国动漫现状 ……………… 24

第2章　我国动漫产业发展及存在的问题 ……………………………… 37
　　2.1　曾经辉煌的中国动画 ………………………………………… 38
　　2.2　喜忧参半的广东动漫 ………………………………………… 42
　　2.3　陕西省动漫发展现状调研 …………………………………… 45
　　2.4　接受美学视域下我国动漫发展存在的主要问题 …………… 53

第3章　陕西省动漫产业集群竞争力分析与策略研究 ……………… 57
　　3.1　动漫产业发展及产业集群竞争力 …………………………… 57
　　3.2　国内外动漫产业集群发展现状分析 ………………………… 63
　　3.3　动漫产业集群竞争力影响因素分析 ………………………… 68
　　3.4　陕西省动漫产业集群发展现状 ……………………………… 75
　　3.5　陕西省动漫产业集群发展路径分析 ………………………… 78

第4章　陕西省民俗文化产业发展研究 ……………………………… 86
　　4.1　非物质文化遗产与区域民俗文化遗产 ……………………… 86
　　4.2　陕西省民俗文化发展的机遇与建议 ………………………… 90
　　4.3　陕西省民俗文化发展策略与产业化培育模式 ……………… 94
　　4.4　我国民俗文化品牌建设成功案例 …………………………… 101

第5章　陕西省体育文化产业发展策略研究 ·············· 108

5.1　体育文化产业的政策支持 ························ 108
5.2　陕西省发展体育文化产业的现实基础 ················ 108
5.3　体育特色小镇建设实践 ························ 111
5.4　"互联网＋"应用对体育文化产业的影响 ·············· 115
5.5　陕西省体育文化产业发展策略 ···················· 117

第6章　陕西省"VR＋产业"发展研究 ·················· 121

6.1　虚拟现实(VR)产业发展现状 ···················· 121
6.2　陕西省"VR＋产业"发展的关键问题 ················ 123
6.3　陕西省"VR＋产业"发展的规律与模式 ·············· 126
6.4　陕西省发展"VR＋产业"的优势与不足 ·············· 130
6.5　陕西省"VR＋产业"发展策略 ···················· 132

附录 ·· 141

附录1　陕西省动漫接受状况调查问卷 ·················· 141
附录2　陕西省动漫接受状况调查问卷结果分析 ············ 143

参考文献 ·· 156

后记 ·· 162

第1章 接受美学视域下的动漫产业发展

1.1 接受美学与动漫产业

1.1.1 研究现状

动漫,作为视觉消费时代以卡通形象为基础、以当代传媒为动力支撑的世界性的现代技术、文艺形式和大众文化,"21世纪最有价值的朝阳产业",受到越来越多的关注,与之相关的论著也层出不穷。

具有代表性的论著有乔东亮编著的《动漫概论》(高等教育出版社,2008)、教材编委会编著的《动漫设计》(江西美术出版社,2008)、汪宁编著的《中外动漫史》(上海人民美术出版社,2007)和张弓、汪洋编著的《动漫艺术教程》(清华大学出版社,2002)等。这些大多是动漫专业的教材,主要内容包括动漫的本质、动漫的类型、动漫的历史、动漫的风格等。将动漫作为一种艺术形象符号分析研究的有郭肖华、刘蔚主编的《动漫艺术与作品欣赏》(高等教育出版社,2007)和李涛的博士论文《美日百年动画形象研究》(四川大学,2007)等。

动漫设计制作方面的专著有冼进主编的《动漫设计与制作》(中国水利水电出版社,2007)和史建期主编的《外国动漫人物创作技巧》(上海远东出版社,2009)等,主要内容涉及动漫剧本的写作、动漫基本造型设计和常用动漫类软件的操作技巧等。

从产业角度系统介绍和探讨世界动漫产业的发展、寻求国内动漫产业发展路径的论著有谭玲、殷俊编著的《动漫产业》(四川大学出版社,2006)、邓林编著的《世界动漫产业发展概论》(上海交通大学出版社,2008)和刘洋在《齐鲁艺苑》2003年第3期发表的《中国与日本动画与漫画产业的比较与思考》等。

将动漫与其他学科相结合进行研究的有郭虹的博士论文《中国动漫传播状况研究》(复旦大学,2003),他从传播学的角度对国产动画的接受与传播现状进行了细致的分析。肖路在其著作《国产动画电影传统美学特征及其文化探源》(上海人民出版社,2008)中,从美学角度对国产动画电影的传统美学风格及其成因进行了研究,并对当时国产动画电影美学风格的演进做了一番考察,希望为国产动画电影摆脱困境及进一步发展提供一些思路。

还有陈奇佳、宋晖编著的《日本动漫影响力调查报告——当代中国大学生文化消费偏好研究》(人民出版社,2009)。该书从文化传播方面入手,以调查数据为基础,致力于揭示日本动漫文化在中国传播的主要特点及其影响。

这些研究对动漫艺术、动漫产业和动漫文化等进行了深入探讨,提出了许多富有理论价值和现实指导性的见解和观点。但是,将接受美学与动漫联系起来,以动漫接受美学为切入点,分析动漫现状和动漫产业,进而探讨动漫的接受在中国动漫文化产业发展中所具有的应用价值的研究却比较少。

如同动漫是一门新兴的艺术一样,接受美学也是一门年轻的学科。接受美学于20世纪60年代形成于德国康斯坦茨大学,20世纪80年代被引入中国。之后,从翻译介绍、消化吸收到应用拓展,接受美学在中国产生了广泛的影响,尤其是对古代文论和文艺接受史的研究,以及跨文化的文艺研究等的影响最大。到现在,接受美学的思想和方法已经超越以往的研究边界而渗透到了许多领域。在教育方面,出现了一些跨学科研究的论著,专著如张心科的《接受美学与中学文学教育》(合肥工业大学出版社,2005),曹明海的《语文教学解释学》(山东人民出版社,2007)等;论文有赵建晖的《接受美学下的阅读教学综述》(《教师报》,2004)等。在艺术研究领域,对电影电视艺术的接受研究成果较为丰富,专著有章柏青、张卫的《电影观众学》(中国电影出版社,1994),陈默的《电视文化学》(北京师范大学出版社,2001),秦俊香的《影视接受心理》(中国传媒大学出版社,2006),黄会林的《影视受众论》(北京师范大学出版社,2007)等。也有一些专著列专章介绍影视接受美学,如王志敏的《电影美学:观念与思维的超越》(中国电影出版社,2002),胡智锋的《电视美学大纲》(北京广播学院出版社,2003),何平华的《视觉饕餮的秘密》(上海文化出版社,2008)等,还有一些论文诸如韩骏伟的《接受美学视域下的电视艺术》[收入张晶的《美学前沿》,北京广播学院出版社,2003],陈小珍的《接受美学视域下的电影图书审美价值研究》(广西师范大学,2008),龙丹青的《儿童电视接受心理分析》(湘潭大学,2008),赵丽丽的《韩剧在中国的审美接受分析》(吉林大学,2009),曹文慧的《李安电影东西方观众的接受研究》(山东师范大学,2009)等。而对动漫艺术的接受研究则不多见,笔者在搜集、查询文献资料过程中,发现仅有陈奇佳、宋晖的《日本动漫影响力调查报告:当代大学生文化消费偏好研究》涉及动漫的接受心理与接受状况的内容,但该书更侧重于分析日本动漫对大学生精神文化的影响效果,并未真正从接受美学层面分析动漫创意、创作与相关文化产业发展的问题。中国动漫创意、创作与相关文化产业在艰苦地探索、实践,相应地,新的交叉性跨学科的研究也应该适应发展的要求迎头赶上。当代许多学者已经做出了不少积极的努力,而在诸多研究成果中,将接受美学与动漫艺术、动漫产业联系起来,并结合实际调查的研究还较少见到。

从实际应用层面看,仅从艺术理论、技术创作或产业经济视角很难解释我国动漫产业发展存在的问题,动漫产业从制造、传播到销售是一个庞杂的系统,而接受理论中的创作者、作品、接受者构成了这个系统中三个最核心的审美关键点。接受美学即"读者接受理论",它强调接受者的重要性,作品是否被认可、喜爱,决定权在接受者,并且接受美学的涵盖面很广,不仅对微观动漫作品有所启示,对宏观动漫文化产业研究同样有促进作用。因此,从接受美学层面分析动漫艺术,进而总结动漫创作与相关文化产业发展的成功经验与失败教训很有必要,也颇有价值。

1.1.2 接受美学与动漫产业的基本概念

这里,主要涉及两个基本概念:一是动漫,二是接受美学。动漫是指视觉消费时代以卡通形象为基础,以现代传媒为动力支撑的大众文化。从这个定义去分析,动漫需要"现代传媒的动力支撑",它是一种高科技的产物。在视觉消费时代,动漫产业是"最有价值的朝阳产业"。归根结底,动漫是一种大众文化。以前人们总是把漫画和动画合称为动漫,其实这是狭隘的。从广义来看,动漫是漫画、Flash、三维动画片,也是印有卡通图案的玩具或服饰,还是迪士尼乐园,更是近年来对我们的生活广泛渗透的一种文化方式,如迪士尼家具和在我国台湾发展迅速的 Hello Kitty 主题医院等。动漫一个个具有代表性的艺术形式,是研究动漫接受状况和接受规律的审美符号。没有具体的动漫艺术形式,就没有特定的动漫接受研究对象。

接受美学是作为对"作品→读者"这一传统阅读模式的反悖而兴起的,这一理论在 20 世纪 60 年代首创于德国,由尧斯、伊塞尔等人提出。接受美学主要研究读者在对作品的接受过程中所产生的一系列因素和规律,强调研究读者的重要性和客观性。国内一些理论学家对接受美学做了不同的阐释,比如刘晓枫(1981)认为,"望文生义地以为接受美学就只是重视读者,是一种严重的误解","接受美学的主要意图是什么呢?接受美学所要突出的乃是以艺术经验为主的历史的审美经验,它是在读者的接受和解释活动中表达出来的。"

任何审美过程都有三个关键点:作品、接受者和创作者。作品是接受的对象,接受者是接受的主体,创作者是接受的来源。动漫艺术的审美创造与接受同样涉及创造者、接受者及其之间的核心关联点即作品,三者的相互作用是动态关系。对于动漫作品的接受问题,理论学家在这方面的研究颇多,动漫创作者和生产者如动漫公司也十分重视。因为动漫作品是否被承认、被喜欢甚至被消费完全取决于接受者。在动漫艺术中包含着接受美学的思想和定律,动漫艺术是审美文化的传播介质,它的积极作用和效果必须在接受过程中才能体现。动漫接受过程是艺术作品与读者之间的交互作用,效果美学观点意在艺术作品的效果,接受美学观点则意在实际效果。因此,动漫接受美学的研究越来越受到关注和认真对待。进一步看,动漫作为一种艺术形式,对动漫接受美学的研究亦是对动漫艺术实际接受效果的研究;而动漫在现代社会又是一种经济形式,对动漫接受的研究也可以说是对全球化商业市场下文化产业的研究。

1.1.3 接受美学与动漫产业结合的研究方法

本书主要采用理论研究和实际调查研究相结合的方法进行论述和分析,利用客观真实的调查数据增加理论研究的说服力,调查数据的采集、统计与分析是对所涉及的接受美学方法论的具体应用和有力论证。

在具体的研究方法上,符号学和接受美学的有机统一,是能够达到一定的理论高度和开掘深度的根本。运用符号学的方法对不同的动漫形象进行分析,更有利于对动漫接受美学进行阐释。本书从接受美学层面剖析日本、美国、中国动漫发展的状况,对日本、美国和中国及陕西地区不同的动漫符号进行分析,其中主要涉及日本动漫大师宫崎骏的动画作品《风之谷》《魔女宅急便》和《千与千寻》;美国早期经典动画作品《米老鼠》《白雪公主》《猫和老鼠》和三维动画《怪物史莱克》,美国主题公园"迪士尼乐园"和三维电影《阿凡达》;中国曾经辉煌的老动画片《大闹天宫》《小蝌蚪找妈妈》和《阿凡提》,近几年走红的广东原创二维动漫作品《喜羊羊与灰太狼》以及陕西网络 Flash 作品《大话李白》。

具体来说,研究围绕动漫接受程度和陕西省动漫产业发展的相关问题展开一系列的社会调查,以问卷调查为主,实地市场调查和现场访谈为辅。调查问卷的投放地以西安地区为主,因为问卷中的问题涉及陕西省动漫产业发展,西安本地人对此可能更加了解。实地市场调查选择的是成都和西安这两座城市,选择成都是因为它与西安同属西部城市,经济状况、文化产业发展状况比较相似。另外,成都近年来涌现出很多优秀的动漫作品,比如《巴布熊猫》等原创作品在中央电视台播放。成都作为继上海之后的第二个国家动漫游戏产业振兴基地,很值得西安学习。现场访谈的对象主要选择陕西省高校的在校生,讨论的问题是"您对陕西发展动漫还有什么新的建议和意见"。

问卷调查法是本研究的主要方法,非常重要。调查问卷(见附录1)由四部分组成:第一部分是基本信息,即问卷的第1~3题,主要采集被调查者的性别、年龄和文化程度信息。对于接受者来说,性别、年龄和文化程度不同,对于动漫题材、动漫作品类型的接受程度以及消费能力是完全不同的。第二部分是被调查者对动漫接受情况的数据采集,即问卷的第4~13题,这部分是动漫接受状况的核心问题部分。其中,第11题"您喜欢哪个国家和地区的动漫作品"与第4~10题形成了互动关系,笔者试图通过对第11题和第4~10题的不同答案的相互关系研究,形成对不同地区的动漫接受研究;通过对第11题与第12、13题的不同答案的分析,形成在动漫接受研究基础上的消费研究,进一步讨论和分析日本、美国动漫发展的成功经验,以及目前中国动漫发展存在的问题。第三部分是有关陕西省动漫产业发展的数据采集,即问卷的第14~20题,主要涉及被调查者对陕西原创动漫的了解程度、对陕西省未来动漫发展的态度等问题。第四部分是一道主观题,即问卷的第21题:"您对陕西发展动漫还有什么新的建议和意见"。我们将这一道题放在了问卷的最后,但大多数被调查者在填写完调查问卷的前20道题后已经失去了耐心,导致第21题的答案过于简单。但这个问题对我们的研究又非常重要,所以我们又针对这一道题进行了现场访谈。

我们在西安市共发放调查问卷3 455份、回收有效问卷3 000份,并于2019年10月,最终完成了"陕西省动漫接受状况调查问卷"的数据统计,做出总体数据分析直方图(见附录2)。

1.2 动漫的接受客体与接受主体

1.2.1 接受客体:动漫作品

什么是动漫?如果问现在的"80后""90后",他们会滔滔不绝地说出一大堆动漫作品来。有的是我们看过的动漫作品,有的是常听大家评论的,也有的是我们根本就不知道的。动漫是我们小时候爱看的连环画,是网络上流行的《我是小沈阳》Flash二维动漫作品,是《冰河时代》等三维动画大片;动漫是小孩子想拥有的"米奇"玩具、"喜洋洋"背包和"唐老鸭"帽子等,是青少年沉迷其中而不能自拔的《CS》《魔兽》等游戏;动漫是2010年票价昂贵的3D数字大片《阿凡达》,是许多人梦想着有一天能去游玩的迪士尼乐园等。可以这样说,动漫不再"幼稚",不再专属于儿童和青少年,动漫属于所有人。人们的生活已经离不开动漫了,动漫是一种世界性的大众文化现象,动漫技术、动漫艺术、动漫产业和动漫文化构筑了一个时代性的动漫全息的社会环境。

(1)动漫的分类

动漫是一种世界性的文化现象,接受者非常多。时代在进步,科技在发展,动漫从传统的种类中发展出了很多新兴的类型,比如三维动画、动漫游戏、手机动漫等。对动漫进行分类,旨在进一步说明不同年龄段的接受者对不同类型的动漫有不同的审美接受需要和接受效果。在本研究调查问卷的第6、7题(见附录1),笔者向被调查者提出了"您喜欢哪类动漫作品""您喜欢哪种动漫相关产品"等问题,旨在调查被调查者对不同类型动漫作品的偏爱程度。动漫的种类丰富,根据其基本的内容和形式主要分为五类,即卡通读物、卡通动画、卡通玩偶、动漫游戏以及具有卡通元素的服饰、主题公园等动漫周边附属产品。

第一类是卡通读物。卡通读物是动漫的平面载体,一般是纸质印刷品。我们常常将卡通读物通俗地称为漫画,它具有直观、精美、易携带、不受时空限制等优点,更容易被人们接受、喜爱和消费。漫画在青少年群体中非常流行,并且成人较儿童和青少年更偏爱接受内涵深刻的卡通读物。漫画主要分为独幅漫画和连环漫画,也可以细分为单幅漫画、四格漫画、连环画、卡通插画、卡通绘本、卡通扑克牌等。1896年,理查德·奥卡尔特创作出漫画作品《黄衣小子》后,卡通读物便在美国畅销一时。一直发展到20世纪初,漫画的样式才正式确立,但这时候的漫画只是作为报纸媒介的插图或其他媒介产品的补充点缀,并不是真正的、正式的卡通读物,还没有发展到读物出版产业的规模。1907年,美国电影《一张滑稽面孔的幽默姿态》拉开了世界动画电影的帷幕。直到20世纪20年代,卡通读物与动画慢慢区别开来并独立发展,形成了各自独立的风格样式和制作出版规模。到20世纪60年代以后,各国的卡通读物出版产业迅速发展,出现大量的漫画期刊和单行本。在日本,这一时期动漫发展尤其快速,卡通读物内容丰富,满足了不同接受者的心理需求,并且画风独特，满足了不同年龄段接受者的感官审美欲望。直到现在，日本的卡通读物仍风靡全球，形成了卡通读物的规模化和产业化。

第二类是卡通动画。卡通读物和卡通动画都是"时空"的艺术形式。现在人们可以在家通过电视或网络观看多集动画片，去电影院欣赏 3D 数字动漫电影，随时随地用手机上的 APP 观看动画。卡通动画发展速度快，并不断出现新的艺术样式。卡通动画既可以是二维 Flash 视频，也可以是两小时左右时长的动画电影，还可以是几十集的动画连续剧。

第三类是卡通玩偶。卡通玩偶是动画形象与制造业相结合的产物。现在的卡通玩偶有静态的毛绒玩具和吉祥物，有动态的卡通模型，还有智能化、可互动的动漫机器人。卡通玩偶从静态到动态、从简单到复杂的发展过程，是科技进步、制造业迅速发展的见证。2008 年，北京奥运会吉祥物非常流行，在许多大型活动场所，真人装扮成"妮妮"，小孩抱着"欢欢"玩具，成人的手机挂链是"晶晶"形象。目前，在中国比较流行的卡通玩偶有美国的米老鼠、日本的 Hello Kitty、韩国的流氓兔等，"喜羊羊与灰太狼"的卡通玩偶也曾经深受儿童喜爱。2010 年，上海世界博览会吉祥物"海宝"的形象出现在各地的重要场所。一般来说，女孩喜欢色彩鲜艳、造型可爱的毛绒玩具，男孩爱玩可游戏、互动的触感较硬的卡通小汽车等，成人则更偏爱购买经典的卡通玩偶来留作纪念。

第四类是动漫游戏。动漫游戏是电子时代的新兴产物，有专业的游戏电玩机、网络上的动漫游戏和手机上的动漫游戏等。现在动漫游戏不再是小孩或男性的专属，很多女性也喜欢动漫游戏，比如早期的《泡泡堂》《跑跑卡丁车》等，还有前几年非常流行的 QQ 农场、QQ 牧场，很多女性也乐在其中。中国是韩国网络游戏产品巨大且重要的消费市场，韩国的《传奇》《热血江湖》等都非常符合中国玩家的文化心理，女性也喜欢韩国的《星钻物语》《魔法飞球》等休闲游戏。但动漫游戏的负面影响很大，很多人沉迷于动漫游戏之中，因玩误事，影响了正常的学习、工作和生活。现在中国相关部门对一些地方网吧内运行动漫游戏超过时间段的电脑进行自动切换屏蔽，用这种方式制约青少年过度的游戏欲望。与此同时，开发制作益智健康的动漫游戏显得非常迫切。

第五类是具有卡通元素的服饰、主题公园等动漫周边附属产品。如"米奇""小熊维尼"都是儿童服饰的品牌，很多成功的童装品牌都采用经典流行的动漫形象作为企业的标志，这既提升了品牌的易接受度和知名度，又带来了更大的销售量。迪士尼乐园是目前世界上唯一的动漫主题公园，它以迪士尼动画故事和动漫角色形象为主，以动画中的场景为背景，用"快乐"的方式吸引和服务接受者,给接受者带来与众不同的体验性审美感受。迪士尼乐园在向人们展示美国动漫文化魅力的同时,也带来了大量的经济效益。

总之,卡通形象是不同类型动漫作品的核心,夸张的卡通形象是动漫艺术作品的接受对象和起点,接受者对动漫的审美接受建立在成功的卡通形象之上。动漫艺术作品中色彩丰富、造型可爱的卡通形象不但深受儿童、青少年的喜爱,而且受到越来越多的成年人的喜爱。

(2)动漫的接受方式

不同类型动漫作品的接受过程大都包括观看、欣赏和理解,它们之间是递进式的关系,这决定了接受主体对动漫作品不同的接受方式。动漫的接受方式主要分为文学的接受和视听等多感官的接受。文学的接受是对动漫作品中的文化、情感、性格等的接受,影响着接受者的心理;而视听等多感官的接受是对动漫作品中角色形象、音乐色彩、表面肌理等的接受,刺激着接受者的感官。在动漫作品的接受过程中,文学的接受要求接受者有一定的理解力和文化素养,所以更适合成年人;视听等多感官的接受更侧重于接受者的五官感觉能力,儿童的感官能力强,往往能够通过视听等多感官的接受喜爱上一部动漫作品。在此需要指出的是,文学的接受与视听等多感官的接受并没有高低之别。在对动漫艺术作品的接受过程中,文学的接受和视听等多感官的接受是分不开的,它们之间是相辅相成、辩证互动的关系,不同的接受方式涉及不同类型的动漫作品所表现出的接受效果和接受侧重。

对动漫作品文学的接受,是指接受主体在接受的过程中,自觉或不自觉地按照传统的对文学作品的接受方式理解和评价动漫作品。对动漫艺术作品中的作品内容、角色形象、角色语言、场面细节等的接受和评价构成了文学的接受。调查问卷第9题(见附录1)"您感兴趣的动漫题材是什么"是对被调查者文学的接受方式的提问,通过数据来说明被调查者对动漫作品文学的接受方式的审美心理偏好。调查问卷数据统计显示(见附录2第9题),卡通读物和卡通动画更能突显动漫作品文学的接受。

卡通读物是图画语言和文学语言的完美结合。在卡通读物中,图画语言表现着文学语言,文学语言也补充着图画语言,接受者通过卡通读物"说文解图"的方式能够更好地理解卡通读物的内涵和思想。文字可以直击人的心灵,拥有文字语言的表述使卡通读物在所有的动漫艺术作品中占有独一无二的优势,接受者对卡通读物的接受更侧重于文学的接受。卡通读物题材广泛、意蕴丰富,满足了接受者对动漫艺术作品不同的心理欲望和审美享受。卡通读物的题材和内容,极大地影响着接受者的心理。一本卡通读物的角色形象鲜明、生动,搭配以优美的文字和深刻的内容,让接受者回味无穷,难以忘怀。如《几米绘本小说》文字优美、富含哲理,图画看似"涂鸦"般简单,但传达的意义准确、形象,接受者从中看到了对现实生活的思考,读出了对生命的理解。再如朱德庸的漫画《粉红女郎》,画面风格鲜明,漫画中的人物妙语连珠,幽默又不失深刻,是对现实生活的写照,表达了"剩女时代"女性的爱情观和婚姻观。

卡通动画中的角色形象、人物对话、故事内容、情节结构和场面细节等构成了接受者对卡通动画作品文学的接受。在观看一部卡通动画片时,首先是对角色形象的接受和分析,动画片中人物的对话可以让接受者更好地理解、体味作品的内涵,情节结构展示了动画片的故事发展过程,场面细节交代了动画片中事件发生的时间、地点和人物心理的微妙变化。角色形象、人物对话、情节结构和场面细节等有机地叠加起来,完整地表达出动画片的故事内容和主题思想。本书后面的章节会专门分析不同的动漫作品文学的接受方式,这里不再赘述。

接受者通过眼睛看到卡通形象的造型美,通过耳朵听到动画电影的音乐美,通过双手触摸玩具获得一种情感美。接受者主要通过视觉、听觉和触觉来接受动漫艺术作品的外在形式,并逐渐对作品产生情感。在动画电影中,接受者除了对画面、色彩的接受外,还有对影像运动、镜头方式、音效等的接受。动漫游戏更偏重于虚拟技术的接受,卡通玩偶是通过触感等让人们接受,对主题公园的接受主要体现在对场景的接受。对于动漫艺术而言,视听等多感官的接受包括对画面色彩、影像运动、音效、虚拟技术和触感等的接受。在调查问卷第8题(见附录1)"动漫在哪一方面最容易吸引您的注意"中,我们通过分析被调查者的不同答案,了解被调查者在动漫的接受中更侧重于哪种感官的接受。因为在后面的章节中我们会着重分析动漫影视和主题公园的视听等多感官的接受,所以这里仅对动漫游戏和卡通玩偶进行分析。

动漫游戏更侧重于虚拟游戏的接受。在动漫游戏中,生动的角色和逼真的场景吸引接受者进入虚拟的游戏世界。在实际生活中可以看到,很多人在玩《CS》时,不仅手指按着键盘上的左、右、上、下键,就连身体也随之向相应的方向摆动。这是因为动漫游戏的虚拟技术将审美距离消解,接受者通过最直接的身体体验,与动漫游戏作品进行了最直接的融合。卡通玩偶经过特别设计的肌理,使接受者在使用的过程中可以边看边触摸,增加了接受者与卡通玩偶的情感交流与沟通。在长期的接受过程中,卡通玩偶对于接受者来说不仅仅是单纯的玩具,更是精神的"侣伴"。

美是复杂的。毕达哥拉斯说"美是形式",博克认为"美是愉悦","美大半是物体的一种性质,通过感官的中介,在人心上机械地起作用",亚里士多德认为"美是一种善,其所以引起快感,正因为它是善"。动漫的美既建立在感官愉悦的追求上,还深刻体现在作品所传达的功能和精神上。对动漫作品文学的接受是"内在美、内容美"的体现,视听等多感官的接受是对"外在美、形式美"的接受。动漫的美是多种多样的,动漫中的造型美、色彩美、节奏美、光影美、音效美等构成了动漫外在美的最重要特色;生命美、角色美、功能美、意蕴美等表现出动漫作品内在美的品质。在调查问卷第8、9题(见附录1)中,回答选项最多,答案也最为丰富,可见动漫作品的美是复杂多样的。

总之,动漫作品的美不仅愉悦着接受者的感官,提升着接受者的思想,更是创造商业市场功利美的前提。"爱美之心,人皆有之",正是因为动漫作品具有丰富多样的美学品质,动漫作品的审美才具有了普遍性,所以说,动漫作品的接受主体是多层面的。

1.2.2　接受主体:动漫的接受者

动漫是文学、美术和音乐等多种艺术样式和科技制作手段的集成,具有独特的审美价值和审美情趣,备受接受者的喜爱。不同年龄段的接受者对动漫的题材、主题和画面等的接受和理解能力是不同的,不同年龄段的接受者喜爱不同的动漫作品。根据我们的实际调查和访谈,在对动漫作品的接受中,儿童喜欢美国的《白雪公主和七个小矮人》、日本的《风之谷》、中国的《喜羊羊和灰太狼》等,青少年喜爱美国的《狮子王》、日本的《灌篮高手》等,成年人喜欢美国的《功夫熊猫》《阿凡达》、日本的《萤火虫之墓》、美国的《花木兰》等卡通动画。仅从不同年龄的接受者对不同动画片的接受和喜爱就可以看出,动漫的接受者是多层面的。调查问卷第1、2题(见附录1)提出"是否喜爱动漫""在动漫上花多少时间和金钱"等问题,调查问卷统计结果也显示出动漫的接受者是多层面的。在视觉文化的时代,席尔斯就说过:"大众不读托尔斯泰,他们只看漫画。"

动漫的主要接受者是未成年人。未成年人在心理特质等方面更容易接受动漫。动漫对未成年人世界观、人生观、价值观和审美观的形成有着重大的影响,不仅影响儿童的教育,还影响中学生等青少年的教育。

"看卡通片、读卡通书、穿卡通衫、食卡通饼、学卡通人",极其形象地描绘出当前的一种社会现象,也生动地体现了动漫在儿童世界的受欢迎程度。动漫受到儿童的普遍喜爱,第一个原因是儿童的审美偏爱。"审美偏爱是个体审美心理活动的选择性和指向性。它表现为个体对某类审美客体或某种形态、风格、题材的艺术品优先注意或优先审视的心理倾向。几乎每一位在社会中生活的正常人都有自己的审美偏爱。"婴儿对色彩、声音、气味等有一种"本能"的偏爱,幼儿对美的事物和艺术表现出审美追求。卡通形象色彩鲜艳,造型逼真,在外观上决定了儿童对它的指向和选择,并且儿童对卡通形象本身也充满着情感色彩的体验。因此,儿童对动漫这一艺术符号具有优先的关注或选择的心理倾向。第二个原因是儿童独特的接受心理。皮亚杰说:"儿童时期的泛灵论乃是把万物视为有生命和有意向的东西的一种倾向。""审美想象的创造是无限的,创新意识的潜力是无止境的。它使人的创造力超越知觉表象、超越时空、超越前人、也超越自己。"作为综合性很强的艺术,动漫里的卡通形象超越了现实物象的形象,与儿童的接受心理达成共鸣。动漫是将天马行空的想象转变为真实影像的艺术,正符合儿童丰富的想象力。很多儿童受动漫的影响,经常将自己想象成动漫中的人物或模拟动画片中的情景。第三个原因是电视传播媒体的普及。动漫会产生比单纯文字更强烈的感官刺激,动漫通过电视媒介的传播,诉诸儿童的视觉与听觉。随着生活水平的逐渐提高,每个家庭都有电视机、电脑等传播媒介,很多家庭的客厅、卧室分别放置一台电视机。现在的儿童是"TV Children",动画片是他们最喜爱的节目,收视率很高。

　　青少年在动漫中看到了另一个自己,动漫艺术和动漫文化在青少年之间非常流行,动漫中新奇个性的艺术形象迎合了青少年张扬自我的性格,符合青少年自身成长发展的需要。近几年,青少年对角色扮演(cosplay)极其热衷,动漫抚慰了青少年沉重的心灵,动漫中的轻松、幽默和游戏,缓解了青少年在现实生活中受挫的心理压力。动漫是一个反叛、自由的虚幻世界,而这正符合了以青少年为主的动漫迷的生存愿望。青少年普遍喜爱动漫,动漫已经成为一种交流沟通的语言,青少年用动漫交流反而不会让自己被同伴孤立。

　　动漫的又一接受者是成年人。在复杂纷扰的世界中,成年人产生了种种心理上的失落,而动漫具有"疗伤"的功效。它能使人们的身心得到放松,给成年人提供了一个与现实不同、回归童心的美好世界。从"80后""70后"到老年人等,都越来越喜欢动漫。笔者是看着《聪明的一休》《黑猫警长》等动画片长大的"80后","80后"对于图像的接受大于对文字的接受。动漫影响了"70后"与"80后"的观念、思维和语言方式。如韩寒、张悦然、郭敬明等的文学作品,明显地带有动漫文化的气息和色彩,频繁的分段、深蕴的甚至不明所以的语言风格和内容主题的叙述等都体现了日本动漫对中国"80后"的影响。现在针对成年人制作的动画片越来越多,如2006年美国的《汽车总动员》,使用先进的三维技术表现了近乎完美、真实的多种品牌汽车,让成年接受者在动画电影中过足了"名车瘾"和"飙车瘾"。再如2009年世界著名导演卡梅隆推出的三维数字动漫电影《阿凡达》,该片一举超过《泰坦尼克号》在1997年创下的票房纪录。人们为了看这部有口皆碑的三维动画电影,半夜排长队花高价买票,但接受者们都觉得物有所值,《阿凡达》的好评如潮。

应该特别强调,有必要制作更多适合老年人观看的动漫作品。目前,我国已进入老龄化社会,越来越多的老年人由于子女在外工作,开始面对比较孤独的生活,独居老人的数量在不断增加。动漫艺术是"真、善、美"的化身,老年人丰富的阅历会更好地理解动漫作品中的艺术形象和文学意味,动漫作品对老年人这一特殊群体有着得天独厚的抚慰优势。并且,老年人在某种程度上具备孩童的天性,动漫艺术作品的特质迎合了他们的性格和需求。因此,动漫创作者应该创作出适合甚至专属老年人欣赏的动漫作品,使那些常年处于孤独状态下的老年人除了养鸟、听广播之外,还有别样的审美乐趣。

不同年龄、性别、职业等的接受主体喜欢不同类型的动漫作品,这是因为他们在接受作品之前存在一定的"图式"。"图式"一词最早见于康德的"先验图式"说。在接受美学中,接受图式指接受主体在接受作品之前已有的由诸多主观因素构成的心理模式。动漫接受图式是指接受者在接受动漫作品之前,有一定的"期待视野",尧斯概括的这种"期待视野"或"期待参照系统"受到了时代社会心理、民族文化心理、审美经验和审美情趣、知识积累和艺术修养、气质和个性及潜意识等因素的影响,还包括接受者的年龄、性别、职业等因素,当然还有接受者接受前的心理准备,各种因素的影响相互交叉、相互渗透。这意味着对于接受图式的探寻永远不可能完结,对主体接受图式的把握远比想象中要复杂得多。为什么最富有审美内涵的动漫作品有时并非最受欢迎,而平庸的作品却出人意料地红极一时?这种接受主体的心理图式早就受到了我国古代文学理论家刘勰的注意:"夫篇章杂沓,质文交加,知多偏好,人莫圆该。慷慨者逆声而击节,酝藉者见密而高蹈,浮慧者观绮而跃心,爱奇者闻诡而惊听。"动漫的创作和传播如果明确了阻碍接受的诸因素后,在这些因素上尽可能克服,其接受效果自然就会更好。

调查问卷第1~3题,对被调查者的基本信息进行采集,涉及性别、年龄段、文化程度三个方面,以期通过分析被调查者或接受者的基本信息和其他问题答案的相互关系,对研究动漫接受者的先验心理影响因素有一定的启示。

1.3 从日本动漫在中国的接受反观中国动漫现状

在前文中,我们从接受理论角度(接受主体和接受各体)分析了动漫被接受、被认可的状况和原因。而这样的分析,仅仅局限于理论原理和一些简单的案例,往往主观性较强,这种研究难以对动漫这样重要而复杂的文化现象做出准确的解读和理性的剖析。因为动漫的传播是一种"铺天盖地、随处可见"的文化现象。如果没有实际的调查研究、没有精确数据的分析,那么所进行的接受层面的动漫思考很可能成为纸上谈兵。在接下来的内容中,我们将以调查统计数据为基础(见附录2),以动漫接受状况和陕西省动漫产业发展的相关问题为轴线,致力于阐明日本、美国、中国的动漫接受状况,并在此基础上尝试性地提出陕西省动漫产业未来发展的思路。

日本、美国的动漫产业已经形成完整的文化产业链,在对中国的文化输出方面具有强大的影响力。而中国人喜欢看日本、美国的动漫,愿意接受和消费,也说明日本、美国的动漫作品的确具有强大的吸引力。日本、美国的动漫很好地迎合了中国人乃至全世界的接受品位和审美需求。也可以反过来说,正是有了巨大市场的接受,才促成了日本、美国动漫产业链的形成和完善。

1.3.1 日本动漫在中国的接受状况调查分析

在调查问卷第4题"您对于动漫的喜好程度"的答案数据统计中(见图1-1),我们可以发现,选项A"非常喜欢"的被调查者为990人,占被调查总数的33%,选项B"喜欢"的被调查者共有1 800人,占被调查总数的60%,两者相加为93%。

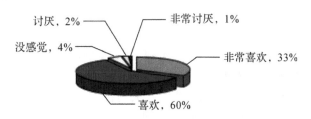

图1-1 动漫的喜好程度

在调查问卷第11题"您喜欢哪个国家和地区的动漫作品"的答案数据统

计中,有1 170名被调查者选择了选项C(日本),占被调查总数的39%,为最高比例;选择选项E(欧美)的有720名被调查者,占24%,低于选项C的比例。

问卷调查第6题是对接受者喜欢何种动漫类型的提问。通过问题答案的数据统计我们可以发现被调查者对动漫作品类型的取向程度。其中,选择选项A"卡通读物"的被调查者有1 140人,占被调查总数的38%;选择选项B"卡通动画"的有1 380人,占46%。数据显示,大多数被调查者更喜欢卡通动画和卡通读物,占被调查总数的84%。卡通读物和卡通动画面向的消费群体更广,十几岁的青少年爱看卡通书和动画片,三四十岁的成年人也更容易接受这样的动漫作品来消磨时间、娱乐休闲。动漫游戏则更多地集中在青少年特别是男性青少年这一群体中,远不如卡通读物和卡通动画面向的接受群体和消费群体年龄段广。日本动漫面向的接受群体就很宽广,公交车上,小孩子和成年人捧着漫画杂志看;小型无人管理商店里,背书包的小学生和下了班的成年人并肩站着翻阅厚厚的漫画杂志,这说明了日本动漫在中国广受喜爱的程度。

2008年中国十大最受关注的动漫作品分别是《火影忍者》《死神》《功夫熊猫》《柯南》《海贼王》《风云决》《秦时明月》《葫芦兄弟》《瓦力》和《福娃奥运漫游记》,其中有四部是日本动漫作品,并且日本动漫《火影忍者》和《死神》分别位居最受关注的第一、二名。2009年中国大学生最喜爱的动漫作品前20名分别是《灌篮高手》《名侦探柯南》《火影忍者》《哆啦A梦》《龙珠》《圣斗士星矢》《死神》《海贼王》《蜡笔小新》《犬夜叉》《千与千寻》《棋魂》《樱桃小丸子》《网球王子》《NANA》《猫和老鼠》《死亡笔记》《足球小将》《美少女战士》和"高达系列",在这些动漫作品中,只有《猫和老鼠》是美国的,其余19部都是日本动漫作品。而在"90后"爱看的动漫作品中,除了《喜羊羊和灰太狼》《三国演义》是中国的作品,其余的也都是日本动漫作品,有《黑执事》《反叛的鲁路修》《潘多拉之心》《吸血鬼骑士》《犬夜叉》《名侦探柯南》《海贼王》《火影忍者》《死神》《家庭教师》《甜甜私房猫》和《钢之炼金术师》等。多种调查数据显示,在中国受众的生活当中,动漫是一种被广泛接受的艺术文化形式,并且,日本动漫作品在中国的影响甚至超过了美国动漫作品。大约在1995年以前,美国动漫作品在中国的影响大于日本,优秀的动画电影很多,动画玩偶占据了中国很大一部分市场。但现在,随着日本动漫电影、动漫连续剧的快速发展,日本的卡通读物在中国市场几乎处于垄断地位,动漫游戏成功占据中国网络游戏市场,卡通动画更是在中国利用互联网的传播优势进行开放式的传播等。目前看来,相较于美国动漫作品,日本动漫作品在中国的接受范围更广、影响力更大。

在调查问卷第10题"您对动漫里出现成人化内容是否接受"的结果统计中发现,有41%的被调查者表示依情况而定,30%的被调查者基本接受(见图1-2)。日本动漫中的暴力、色情元素很多,"90后"喜爱的日本动漫作品中大都带有性和暴力元素,青少年对性和暴力的接受程度令人担忧。据陈奇佳和宋晖编写的《日本动漫影响力调查报告:当代大学生文化消费偏好研究》的统计,在最受读者欢迎的前50部动漫作品当中,有28部包含了暴力元素,占比高达56%,而在这28部作品中有23部是日本动漫。全国打黄扫非办曾三次明电通知查缴日本动漫《死亡笔记》,但接受者对于《死亡笔记》的认知度和受欢迎程度仍然很高。刘心武就明确地将它归结为接受者的阅读兴趣:"希望从文学中得到暴力和性的满足——这虽然很难说出口,但从数量颇多的暴力和色情文字在个体书摊上的出现,我们不得不注意研究这样一种客观存在的阅读心理。"广大接受者普遍存在一种客观存在的阅读接受心理需要,寻求性和暴力的刺激与满足,这加大了日本动漫的接受度和影响力。这种"接受"显然是对作品接受的变形,文艺接受中的变形可以导向升华,也可引向歧途,是动漫接受美学研究中应该引起注意和深思的问题。

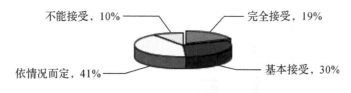

图1-2 成人化内容动漫的接受度

1.3.2 中国受众对日本动漫具体作品的接受分析

我们从接受层面提出了两个问题:①为什么这么多人喜欢日本动漫?②哪些日本动漫作品最受人们欢迎?回答了这两个问题,我们也就能分析出日本动漫发展的成功经验。我们通过调查分析,得出的结论是日本动漫取得巨大成功的原因是其动漫形象和动漫文化精确地抓住了动漫受众的接受心理,接受者寻找到了日本动漫的意味和情感,接受程度和喜爱程度自然就会很高。

可以看到,日本动漫的接受在中国已经非常"泛滥"了。据此,我们提出了具体的问题:"日本动漫吸引人的元素是什么呢?"陈奇佳和宋晖编写的《日本动漫影响力调查报告:当代大学生文化消费偏好研究》也涉及了此问题。各项答案统计情况如图1-3所示。

在调查问卷第8题"动漫在哪一方面最吸引您的注意力？（可多选）"的答案数据统计中（见图1-4），我们可以发现，其中有900名被调查者选择了选项A，占被调查总数的30%；720名被调查者选择了选项B，占被调查总数的24%；540名被调查者选择了选项C，占被调查总数的18%；600名被调查者选择了选项D，占被调查总数的20%；另有240人选择了选项E，占被调查总数的8%。

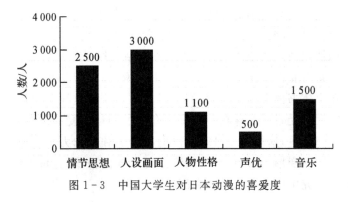

图1-3 中国大学生对日本动漫的喜爱度

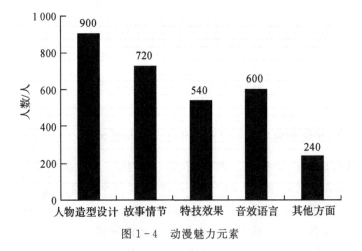

图1-4 动漫魅力元素

可见，在动漫作品中，最吸引人的元素依次是人物造型设计、故事情节和音效语言。我们在访谈过程中发现，很多被调查者不是直接说出自己喜欢的具体动漫作品名称，而是直接回答"喜欢宫崎骏的动漫作品"。因此，我们将宫崎骏的作品作为日本典型的动漫分析样本，来说明和分析日本动漫元素的吸引力。

宫崎骏的每部动漫作品,都能让人产生共鸣,回味无穷。宫崎骏的动漫作品都有着鲜明的个人风格,是亚洲唯一能够与迪士尼、梦工厂的作品相媲美的。宫崎骏创作了无数优秀的动漫作品,由他亲自监督的长篇动画片有《风之谷》(1984年)、《天空之城》(1986年)、《龙猫》(1988年)、《魔女宅急便》(1989年)、《红猪》(1992年)、《幽灵公主》(1997年)、《千与千寻》(2001年)、《哈尔的移动城堡》(2004年)、《悬崖上的金鱼姬》(2008年)等。

宫崎骏一直坚守着传统的二维绘画语言。宫崎骏的动画电影,用简单的笔触、单纯的原色,使接受者的感官与心灵得到愉悦和净化,作品中充满淡然、和谐、宁静的美学气息。面对欧美动画巨作的大投入、高科技,宫崎骏主张采用最原始的手绘。"我认为日本有创造力的思想不适合用3D",宫崎骏的话让我们理解了他对传统价值观的推崇和对现代性的深刻思考。在宫崎骏的动漫作品中,画面精致细腻、画风自然纯美,优雅地、淡淡地传达出所蕴含的深刻思想和寓意,虽不如采用特效技术的美国动画大片让接受者过足视觉瘾,但接受者在欣赏宫崎骏的动漫作品时,所看到的唯美的画面是一种享受,所嗅到的是最自然的气息,所感受到的是动漫人物内心的细腻。现在有许多动画片色彩鲜艳明丽,场景恢宏,特效技术运用得非常多,甚至在音效方面也给接受者的听觉带来极大的震撼,而我们在接受和观看这样的动画片时,虽然感官上得到了满足,却不能从内心真正地接纳,总是"过目即忘",看完之后总是回忆不起动画片的具体情节或特别吸引之处。相比较而言,宫崎骏的动漫作品感人、细腻,淡淡的、香香的,好像一朵刚刚开放的百合花,愉悦耳目、沁人心脾,受到了各个年龄段人群的喜爱。

在动漫人物造型设计方面,宫崎骏的每部作品所创作设计的人物造型都有浓郁的自己的风格。下面分别举《风之谷》的娜乌西卡、《魔女宅急便》的琪琪和《千与千寻》中的千寻形象来说明。

《风之谷》中的女主角娜乌西卡(见图1-5),是宫崎骏塑造的动漫女性形象中最为成功的一位,是日本连续十年最佳动画人气角色的冠军。娜乌西卡是一个红发少女,长着一双灵性的大眼睛,拥有健美的身材,就连她的飞行器造型也很独特,好像一只昆虫轻盈、自由,与大自然很完美地融合在一起,这表现出了娜乌西卡的洒脱。同时,在宫崎骏的作品中,娜乌西卡这个动漫形象被赋予了大爱、智慧、勇敢与希望的性格品质,她不惜用自己的生命去顺应自然,换取祥和安宁的大同世界。娜乌西卡不仅是一位挽救人类生存危机的天使,更是一位奔驰于山野的女英雄。

图 1-5 娜乌西卡形象

《魔女宅急便》(宅急便是特快专递的意思)中的主人公名叫琪琪(见图 1-6)。在人物造型设计方面,宫崎骏设计的这个动画少女与以往不同,比较普通和不起眼,像个邻家小妹妹,扎着红色的蝴蝶结,非常单纯天真。但是琪琪这个人物形象表面普通,实际上却与众不同,她会魔法、会飞行,这让那些动漫迷小女孩们羡慕不已。琪琪是处在两个时空的精灵,在平凡的世界,她很平常、很普通,要想生存下去,就必须努力工作;同时,她又是魔女家族中的一员,可以骑着扫帚自由飞行,并且用这种方式在陌生的城市打工赚钱。琪琪平凡又特别、善良又天真,感动了无数动漫接受者。人物造型设计上的魅力是一方面,真正打动接受者内心的是宫崎骏所塑造的人物美好的品质,这契合了接受者对美好境界的不断追求。

图 1-6 琪琪形象

《千与千寻》的女主人公叫千寻(见图1-7)。大脑袋、圆圆的脸、扁鼻子、蓬松的短发,相貌平平,穿着也很普通,相比于宫崎骏其他的或以往的动画人物造型设计,千寻也许是最普通的了。她性格胆小,孤独,没有任何的好奇心,完全没有小女孩该有的活泼可爱和好动好玩,但就是这个最平凡的动画女孩的形象,却感动了整个世界,因为故事情节、人物性格赋予了千寻更多的可爱之处。"千寻"的"千"是"爱"的意思,整个故事以千寻找回原来的自己、找回父母、找回爱为线索,讲述了千寻从脆弱胆小到坚强勇敢的成长过程。努力寻找才能找回本我,实现尊严,《千与千寻》赋予了一个普通平常的经历险阻的小女孩一种特殊的象征意义。

图1-7 千寻形象

在故事情节方面,自然主义、环境保护、反战主义、人性的勇敢、生命的可敬可贵等这些鲜明的人文主题思想,构成了宫崎骏的动漫作品的高度思想意义。宫崎骏的动画打破了动画片是给儿童看的传统定位,将自己对现实成人化的思考和对生命的情感融入动画作品中,适合于不同年龄段和知识层次的人群观看,获得了全世界的认可和喜爱。《红猪》的故事题材受到了南斯拉夫内战的启示,《哈尔的移动城堡》来自于对伊拉克战争的反思,这些作品中并没有明确的反战情绪,却透漏出极端厌恶战争的思想。《红猪》中,波鲁克所说的话就极为朴素又相当警醒——"做法西斯还不如做一头猪"。《风之谷》中的"腐海"、《天空之城》中存在着潜在的被破坏危机、《幽灵公主》中工业文明的垃圾等,都用艺术化的形式表现出宫崎骏的环保思想。《千与千寻》中的千寻最终救出了变成猪的父母,《幽灵公主》中的阿珊为了捍卫森林与人类大战,《风之谷》中的娜乌西卡用年轻的生命来保护家园等。在宫崎骏的动画作品中,少女们勇敢坚强、追求正义和真理,将人性美、生命美演绎得淋漓尽致。宫崎骏用自然美、人性美和生命美将动画提升到了人文精神的境界,在动画作品中闪耀着智慧与思想的光芒,贯穿着对现代社会反思的人文精神和对审美不断追求的艺术精神。

在音效语言方面,音效语言使画面更加真实生动,生理上的只能看不能听会增加接受者的恐惧心理,完全地接受应是视听等多感官同时进行的,应使接受者产生身临其境的感觉,只有这样才能达到感官与心理接受需要的平衡,所以,音效语言在动漫中有着深层次的生理与心理的接受意义。动画电影是一种综合的艺术表现形式,画面要美丽直观,思想内容要表达作品主题,而配音演员就是对动画作品的润色。日本的动漫配音演员专业分工极其细致,其达到的专业水准也超出了其他国家,中国许多"发烧友"喜爱原版日本动画很重要的原因就在于对日本动漫配音演员的喜爱。宫崎骏的优秀动画作品再配上高要求、高品位的音效语言,使动画作品更加完整、更加鲜活、更具持久的影响力。宫崎骏的主要动漫作品都是由久石让创作的主题曲或配乐。久石让是世界知名的音乐人,他让宫崎骏的作品主题曲在人们口中普遍传唱。久石让创作的《天空之城》的主题曲《载着你》,《龙猫》的主题曲《龙猫》,都是脍炙人口的歌曲,在中国校园里非常流行。主题曲与动画作品的高度契合,能够痛快酣畅地表达作品的情感,使接受者沉浸其中、感动其中。久石让为宫崎骏的动漫作品创作的配乐也让接受者耳目一新、记忆深刻,《红猪》的配乐具有欧洲风格,《龙猫》和《悬崖上的金鱼姬》中的音符跳动活跃,《幽灵公主》中的曲调悠长深远。语言配音也是动画作品中非常重要的部分,是连接作品与接受者听觉和理解力的纽带。在配音方面,宫崎骏一般很少选用名人来配音,只要符合动画作品的要求,符合人物性格形象就可以了。在宫崎骏选用的动漫配音演员中,最有名的就是木村拓哉,很多配音演员都没有名气,却与作品配合得天衣无缝,将动漫人物演绎得惟妙惟肖。

总之,宫崎骏的动漫作品魅力元素太多,我们难以一一列举,根据问卷调查的统计结果,我们只分析了被调查者选择较多的前三个选项,即人物造型、故事情节和音效语言。

成功的作品是获得认知、接受和消费的前提,但在接受美学理论中,作品只是接受的中介,并不能决定接受的结果,接受的结果还涉及接受方式、传播制约、作家创作等问题。

1.3.3 从接受美学的角度分析日本动漫对中国动漫发展的影响

日本动漫是伴随着中国"80后"这一代一起成长发展的,它成功进入中国市场并长盛不衰,日本动漫的团队创作方式、行之有效的传播策略等对中国动漫的发展有很多启示和借鉴。日本动漫在成为中国青少年生活中不可或缺的一部分的同时,也对中国下一代的价值观、人生观、精神观等产生着巨大的影响,社会各界由此引发的深思和忧虑也越来越多,下面就以"接受—传播—创作"这样的接受美学批评模式和传播过程来分析日本动漫的成功经验、影响效果及其带给我们的思考。

首先,根据前面的分析可知,日本动漫最大的成功之处在于抓住了中国受众的接受心理,日本动漫中或浪漫或唯美或暴力的各种元素,在满足了接受者观赏性的需要后,又契合了受众的替代性心理。接受美学中的"移情"作用也适用于日本动漫作品,受众借助丰富的想象力,全身心投入动漫作品中,不仅获得了审美愉悦,更满足自身的幻想心理,在现实生活中不能实现的愿望都能在日本动漫人物身上得到补偿。奋斗、坚持、理想、友情等是日本少年动漫的关键词,少女动漫的浪漫唯美引发了亚洲少女动漫之风,生命、真实、幻想是日本成人动漫的主题。把日本动漫的成功仅归功于内容的解放和题材的多样化是不对的,从深层次来说,这其中涉及接受美学思想的应用,是对普遍接受者的心理进行了准确的把握。儿童想象力丰富、青少年要在动漫中看到理想、成人的核心价值是现实,日本动漫能够将其集于一身并互相倚重,满足了全体受众的心理需要。日本动漫契合中国受众心理的前提是中日文化心理的接近性,语言上的相近使中国受众更容易快速接受和理解作品内容。日本动漫中应用了大量的中国传统文化元素和中国古典小说题材,使中国传统文化在对日本文化渗透的同时,在日本动漫的传播和接受上起了很好的反作用。中日社会文化心理的共通性,使得中国的接受者产生了对日本动漫的心理接近性,因此日本动漫才在中国更容易传播,也更容易被接受,日本动漫已在中国成为流行文化。而现在,日本动漫又开始将"四大名著"据为己有,大规模抢注中国传统文化资源,中国受众可以包容日本动漫文化的通融,却不能容忍日本动漫对我们民族文化的侵略。

其次,日本动漫成功的传播策略给我们带来了很多启示。目前,日本动漫在中国传播上的成就已经超过了美国,20世纪80年代,日本动漫通过电视媒体的传播而风靡一时,电视媒体是最早引进、播放和介绍日本动漫的媒介,但当时日本动漫在中国主流媒体的发展空间非常狭窄,受数量少、时效低、受众面小、禁播令的保护主义等的影响,国内主流媒体电视的传播并不能满足日本动漫发展的需求,日本动漫在电视媒体的传播环节遭遇了失败。而对于动漫迷来说,电视媒体有关日本动漫的信息太过匮乏,也远远不能满足受众的需求。自20世纪90年代以后,日本动漫又转战互联网。互联网已经成为中国接受者第一时间接触、观看日本动漫的主要渠道。互联网能够展现出动漫中的文字、图片、音频、视频等全部元素,并且成本较低,受到了广大接受者的喜爱,可以任意复制、免费下载,动漫迷不用再去购买昂贵的动漫书碟。这不仅迎合了中国受众的消费心理,对于没有收入的青少年或大学生来说,更是妙不可言。青少年可以通过互联网观看动漫,大学生也可以用电脑观看动漫,并且大学生"群居"的特点会加快动漫的传播速度。现在视频门户网站的动漫频道越来越多,青少年或大学生可以从中了解到日本动漫的最新动态,在网络上相互传送动漫文本或视频,在动漫 BBS 上互相交流,这样的动漫爱好者平台可以说催生了中国"动漫迷"群体。从接受美学角度来看,作品与接受者之间必定有一个传播过程,没有传播,接受就无从谈起,传播的方式和策略在接受过程中会起十分重要的作用。日本动漫在跨国传播中长盛不衰,给予中国动漫传播模式很多启示。不仅仅只是电视禁播令的保护主义政策,中国在出版、电视媒介等方面要建立科学的制作播出经营模式,也不可忽视互联网巨大的传播舆论力量。也许未来网络、手机动漫小说会比卡通读物更加流行,网络动漫视频甚至会代替电视。

最后,创作是接受的前提。尧斯等人提出的"读者决定一切"也并非至善至美,动漫作品的价值不仅取决于接受者,还在于创作者赋予的意义。因为如果失去了创作者,也就没有了接受者的存在。日本动漫在创作理念、脚本构思、创作人才、后期制作经营等全方位的创作环节上都非常先进。中国受众虽然已经具备了更高一级的需要和审美,但中国的动漫制作相对落后,可以说是中国整个动漫文化产业的隐痛之处。相比于日本的动漫创作,中国的动漫创作还非常稚弱。日本动漫的创作理念非常先进,首先打破了接受者的年龄界限,各个年龄段有适合的动漫作品。日本动漫是对全年龄段开放的,成人动漫也有广阔的市场。日本制定了系统的动漫分级制度,管理非常严格。相比较而言,中国的文化艺术观念略显落后,不能够"与时俱进",很多中国人仍认为动漫只是给儿童看的,认为看动漫"幼稚"。在具体的创作上,日本动漫选材广泛,剧本创作严谨,注重发挥传统优势,避开了美国动漫的高科技锋芒,用故事题材、画面质量和造型音效等方面的优势来弥补低成本的缺憾。日本动漫的社会地位是"全民追捧"的,社会的重视造就了一个个热爱和终身投入动漫事业的大师。

日本在动漫人才培养方面做到了专业化和全面化。人才是创作的主体,日本众多的动漫院校为日本动漫产业的发展源源不断地培养和输送了大批专业的影像制作、配音演员、剧本、美术设计、电脑图形(Computer Graphics,CG)制作等人才。而我国现在各大高校轰轰烈烈地开设动漫专业,但很多高校并未培养出具有综合素养的动漫专业人才,传媒学院的学生不能够精确地用绘画语言来表现动漫中的人物或场景,不能展示动漫的"画面美";而美术学院的学生对动画电影中镜头的使用掌握得又不够熟练,场景的切换、蒙太奇的运用等方面都无法表现动画的情节和人物的情绪,不会表现动漫的"运动美"。在动漫教育和人才培养方面,中国与日本存有着很大差距。日本社会民众的创作力和创作欲望也非常强烈,日本业余的动漫爱好者每年组织的"同人志"和"cosplay"活动很是热闹,"同人志"和"cosplay"是以漫画、动画或电子游戏中具体的人物或情节为基础进行的再创作,很好地调动了消费者的主动性,扩大了动漫作品的市场影响力。

在后期制作经营上,日本动漫的优势是多媒体战略。漫画、电视、电影、游戏等行业都与动漫紧密地结合在了一起,它们之间相互促进、共同发展,构成了创意文化产业的优化组合。日本动画的成功继承于优秀的漫画脚本基础,使动画市场的风险大大降低,对未来动漫衍生品的生产也进行了铺垫,对形成动漫产业链有极大的促进作用。这种以动漫产品和动漫作品互相促进的"滚动式"发展模式对中国动漫发展的借鉴性是比较大的,而我国目前动画片的制作很少以漫画、小说、连续剧等其他文化艺术形式作为直接蓝本。

通过对日本动漫应用接受美学"创作—传播—接受"方法论的分析,我们看到了中国动漫发展中存在的问题。日本动漫的影响力不单是局限于表面的文本或图式符号,从中国受众的社会心理变化到青少年的健康成长问题等方面都可以看到。日本动漫在文化传承上的优越性使其站在一种独特的高度对中国广大动漫接受群体产生了影响。日本动漫不仅在中国的影响力巨大,给中国动漫产业的发展带来了很多启示,也很值得我们反省和深思。

1.4 从美国动漫在中国的接受反观中国动漫现状

1.4.1 美国动漫在中国接受状况调查分析

中国动漫的发展受到了日本、美国动漫的两面夹击,日本动漫在中国的影响力和接受度不可估量,美国动漫在经济、媒介、观念向全球扩张的掩护和推动下,对世界的影响力是席卷式和泛滥性的。美国动漫在消解中国民族文化认同的同时,将其负载的价值密码和生活情趣也推向中国,在动漫文化接受的形式下对中国实施了不平等的文化经济霸权,中国动漫在美国动漫面前显得极其弱小。

在调查问卷第11题"您喜欢哪个国家和地区的动漫作品"的答案统计中(见附录2),我们可以发现,选择E"欧美"的有720人,占被调查总数的24%,虽然这一比例略低于选择日本的39%。但我们在陕西省的调查总数仅为3 000人,局部不可以替代整体,我们不应该忽视美国动漫的影响力。调查问卷的第6题是关于接受者喜欢何种动漫类型的提问,统计数据显示,有将近一半的被调查者喜欢卡通动画,而美国历年的动画大片在全球总是创造着票房神话。在调查问卷第7题"您喜欢哪种动漫相关产品"的答案统计中(见图1-8),我们可以发现,选择A"玩具"的有1 890人,占被调查总数的63%;选择B"服装"的有630人,占被调查总数的21%;选择C"主题公园"的有480人,占被调查总数的16%。调查数据显示,在动漫周边产品中喜欢玩具的被调查者最多,喜欢服装和主题公园的比例也是较高的。而根据实地调查来看,中国市场上什么玩具最多、儿童最喜欢?答案肯定是"米奇",并且世界上唯一的动漫主题公园是美国的"迪士尼乐园",独一无二的美国动漫主题公园只能是接受者的第一选择。

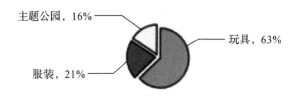

图1-8 动漫周边产品喜欢度

下面我们通过经济数据来说明美国动漫的接受状况和经济文化的强势地位：美国文化产业的年产值约为6 700亿美元，动画产品及其衍生产品年产值为2 000多亿美元，约占文化产业总产值的1/3，在文化产业中具有龙头地位。相比较而言，我国2007年动漫产业只有200亿元人民币的产值，其中相当一部分还是外商支付的加工费，而美国仅迪士尼公司一年的产值就将近200亿美元。在动画产品方面，1994年迪士尼公司投资4 500万美元制作的平面动画影片《狮子王》创造了7.8亿美元的票房奇迹；1998年迪士尼公司制作的动画片《花木兰》海外票房达到2亿美元；2005年之前，皮克斯与迪士尼曾合作制作了《玩具总动员Ⅰ》《玩具总动员Ⅱ》《虫虫特工队》《怪物公司》和《海底总动员》等五部具有轰动效应的动画大片，票房总收入接近30亿美元；2008年的《功夫熊猫》更为美国梦工厂在全球扫回了6亿美元的票房。在动漫玩具方面，夸克市场研究公司对北京、上海、广州三地2 000多名青少年进行的调查表明，有超过13亿元的动漫玩具消费量，但是在13亿元中有超过80%流向了日本、美国的动漫厂商，其中购买比例排在前两位的是美国的史奴比和米老鼠。在动漫主题公园方面，迪士尼乐园的利润非常丰厚，迪士尼公司在全球建立了六大主题乐园，现金储备高达46亿美元，东京迪士尼乐园前后共耗资近7 000亿日元，即使在金融危机阴云笼罩的2008年，东京迪士尼乐园入园人数同比还增加了7.1%，人均消费预计为9 640日元，同比增长了2.9%；我国香港特区政府拿出约28亿美元来吸引迪士尼建立主题公园，到目前为止迪士尼乐园已经给香港带来了近2 000亿港元的经济效益；我国上海迪士尼乐园的直接投入规模超过55亿美元，吸引旅客达到1 000万人以上，给上海带来了巨大的经济效益。

从以上数据可以看到，美国动漫所产生的接受影响和接受效果是巨大的，在全球范围内的接受度和喜爱度极高。"接受影响"是一个社会心理、经济文化现象，是指已经完成的作品与受众等之间的关系。霍斯特·吕迪格把"接受影响"这一术语提到一个更为严格的美学层面上,希望用"接受效果"来代替它,指向了作品所产生的实际价值和现实意义。动漫是一种商业艺术和消费文化,通过动漫作品所产生的经济利润,不仅可以统计动漫带来的实际接受影响和接受效果,还可以估量接受美学中一个特别的问题,那就是作品的"声誉",它可以成为衡量动漫作品受欢迎程度的重要标准。

1.4.2 中国受众对美国动漫的接受分析

面对美国发展得相当完善的动漫产业链、极高的接受度和巨大的实际接受效果,我们有必要认真分析研究美国动漫艺术与相关文化产业,研究接受者喜爱美国动漫的原因,总结美国动漫发展的成功经验。根据我们的调查统计,相比于日本动漫的心理文化接受,美国动漫更侧重于视听等多感官的接受。现代生活节奏加快,接受者的思考时间减少,图像时代已经到来,高科技、大制作等构成了美国动漫对接受者独领风骚的视听刺激。动漫这种"综合艺术",其主要欣赏手段就是视觉和听觉,视觉和听觉更容易激发接受者的直觉,视觉和听觉的效果是一瞬间甚至不存在"一瞬间"的"本能"反应,所以人类最早的艺术创作是舞蹈,继之以戏剧,最后才是文学。美国动漫作品所强调的艺术直觉,其提供的生动的、富有生命力的形象和描述乃至细节,是美国动漫成功的秘诀,刺激着接受者的接受直觉,创造了颇具玩味的接受价值。

以下我们通过具体动漫作品进行深入的分析。

(1)经典动画角色

美国动漫塑造的经典动画角色太多了,以至于人们在接受时都目不暇接。1928年的《米老鼠和唐老鸭》、1937年的《白雪公主》、1989年的《小美人鱼》、1998年的《花木兰》和《埃及王子》、2001年的《怪物史莱克》,还有《功夫熊猫》《玩具总动员》《冰河世纪》等。在我们调查访谈的过程中,很多被调查者说不出日本动漫具体的名称,大多数会说喜欢"宫崎骏作品",而在谈及美国动漫时,会扳着手指兴高采烈地一口气说出一大串来。我们主要分析三个颇具代表性的动漫形象——米老鼠是动物角色形象、白雪公主是人物角色形象、怪物史莱克是三维动画形象,它们的造型独特、风格迥异,而且都名噪一时并经久不衰。

米老鼠(见图1-9)的动画角色形象采用经典的圆的套用法,头部和身体是两个球体,圆鼻头、圆眼睛、圆耳朵、圆头的黄鞋子、圆鼓鼓的白手套。毕达哥拉斯学派认为,"一切立体图形中最美的是球体,一切平面图形中最美的是圆形",球和圆组成的米奇给我们带来了美和快乐。因为米老鼠的角色造型设计采用一系列的圆圈,所以与此相协调,在角色的运动方式上也用曲线来表达。英国美学家荷加斯说曲线是"富有吸引力的线条",S形的动作线和速度线夸张、变形地表现出二维的运动方式,是动画动作设计美学的体现。接受者对米老鼠形象的接受过程实质上是对"美在形式"的接受,而球体、圆和曲线也使接受者的心情放松、愉悦。米老鼠动画中的运动规律是动画中经典的动作模式,影响了很多国家的动画创作者在动画动作上的表达手法。"一切都始于一只老鼠",接受者对米老鼠的狂热喜爱从1929年一直延续至今。米老鼠动画形象衍生出了一系列的动漫周边产品,如米奇手表、米奇玩具、米奇米妮小汽车以及市场上广泛受到女孩子青睐的米奇MP3等。从动画作品的传播到动漫周边产品的传播,接受者在米老鼠动画形象接受的基础上进行再次接受,正是米老鼠这个动画形象成就了迪士尼动画王国,也推动了迪士尼产业的发展与扩张。

图1-9 米老鼠——米奇形象

《白雪公主》是美国的第一部动画电影,它开始了美国动漫"经典故事动画化"的历程,曾前后上映七次,在1998年被美国电影协会选为20世纪美国百部经典名片之一,做到了真正的寓教于乐,接受度极高,值得中国动漫借鉴学习。一方面,民间故事中受人喜爱的英雄和公主、邪恶的坏人和令人同情的可爱小矮人,能够体现接受美学中接受者与动漫艺术作品中的主人公的"互动",

具体表现为尧斯所述的"联想式认同模式""敬慕式认同模式"和"同情式认同模式"。另一方面,迪士尼动画片中的白雪公主和王子以现实生活中 14 岁女孩子和 18 岁男孩的模样进行绘制,小矮人被设计成七个矿工,与当时美国的社会文化和政治需求相适应,这是卡通与现实的结合,与现实的接近性使动画作品更容易被接受者认同。白雪公主的形象(见图 1-10)是美国动漫第一个人物角色造型,整体造型上是独特的卡通风格,但在人体结构上接近写实手法。写实手法和卡通风格有机地结合在一起,与《白雪公主》动画片的整体风格相搭配。"皮肤好似白雪,朱唇红如血,头发黑似夜",这是童话故事《白雪公主》中的文字描述。在已有描述的美好形象下设计白雪公主的造型,想必是非常有压力的,而最终确定的造型是非常成功的,既满足了读者心目中对童话故事所描绘形象的想象与期待,又顾及了动画片设计制作的要求。造型强调绘画感,白雪公主身材苗条又圆润,是 20 世纪 30 年代当时的审美标准,长长的睫毛下忽闪着水汪汪的大眼睛好似会说话,小巧的嘴巴,漆黑的头发却带有流行的微卷,很是时髦。服装上的泡泡袖、蓬蓬裙使白雪公主更显得浪漫优美,整体造型的曲线处理使白雪公主的身姿看起来非常舒服,从造型设计上突出表现了白雪公主的冰雪善良。白雪公主是"世界上最美的女人",她不仅外貌美丽,而且身姿妙曼,动作优雅,好像一位气质娴婉的舞蹈演员。观众在接受过程中,观赏到白雪公主外在的圆润、柔和、淡雅的"优美",也感受到其内在的道德、情感的"优美"。"优美"给接受者一种始终如一的愉悦之情,让人既有想亲近的美感,又有现实间的距离感,很符合接受者对美的期待。

图 1-10 白雪公主形象

2001年的动漫电影《怪物史莱克》(见图1-11)是梦工厂的一部大制作,是三维电脑制作的动画片,具有非常可观的接受效益。2001年《怪物史莱克Ⅰ》的全球票房达到2.67亿美元,2004年《怪物史莱克Ⅱ》的全球票房达到4.55亿美元。男主角史莱克不是人们心目中的白马王子,这个绿色的大怪物给人的第一印象就是不招人喜欢,又脏又丑,圆头绿皮肤、短腿长手、大啤酒肚子、衣服破烂,五官扭曲难看,还摆着一张不痛快的臭脸。在史莱克身上,找不到任何美的元素,外在形象没有美感可言,但"丑是相对的",内心美与外在丑形成了巨大的反差,让接受者慢慢从内心喜欢这个善良的小怪物。《怪物史莱克》与以往的动画片不同,不是传统的二维,在制作上全部采用三维电脑制作,人物的骨骼、肌肉、毛发、衣服由电脑一层层精确制作,使动画人物像真人一样逼真。大投入、大制作、高科技使《怪物史莱克》居票房之首,三维技术带给了接受者前所未有的新鲜美感。与白雪公主的"优美"不同,怪物史莱克给予接受者的是"崇高"的审美体验。18世纪初的英国文学批评家爱迪生就说过,"一个怪物也显得有迷人的魅力"。怪物史莱克体积庞大、强劲粗犷、具有挑战斗争的性格和意志,外貌的丑与心灵的美的反差使怪物史莱克的形象更显"崇高"。

图1-11 史莱克形象

成功的动画形象被人们接受,经过时间的磨砺,历久弥新。如在《猫和老鼠》中,笨猫吃尽苦头,永远抓不住机灵的老鼠,这种反其道而行之的反现实表现手法,来自于接受者记忆接受中的经验性认知和愉悦体验,并且同情、赞赏弱者,满足了受众潜意识中对事物的评判标准。迪士尼极尽使用夸张表现手法,夸大滑稽地描绘猫和老鼠的姿势和动作,身体可以任意被压扁又可以被拉伸,满足了受众对丰富想象力的视觉需求。这部以闹剧为特色的动画片让接受者不顾形象哈哈大笑,在接受者心中成为永恒的经典,张扬着持久的生命力。比如说,在2001年全国各地方电视台播放的本地方言版的《猫和老鼠》,既是人们对1939年"经典中的经典"的重温和回顾,也是接受美学中对艺术作品的"变形"。凡是接受对象在艺术创造或者在艺术接受中做了较大改动,这种行为和后果都称为"变形"。对经典动画《猫和老鼠》配音语言的"变形",使方言版的《猫和老鼠》具有了"历时性"的接受特征。方言版的《猫和老鼠》既有美式动画精心夸张的娱乐性和美国文化的滑稽、幽默、乐观精神,也有中国不同地方方言的戏谑性。经典的动漫作品通过中国方言的变异和"变形",很自然地赢得了第二次经典回顾浪潮,搞笑的方言加上本身就是闹剧的动画作品,让接受者对娱乐美的追求又上了一个台阶。

(2)迪士尼乐园

美国拥有世界上独一无二的动漫主题公园——迪士尼乐园。美国的动漫产业链最完善、最发达,从动画片到玩具再到主题公园等,无不包含其中。美国的动漫产业并不是简单的产业链条形状,而是一个动漫产业的闭环,从起点到终点又回到起点。这样的循环盈利方式,使美国动漫产业的发展更加坚挺、强大。目前,全球有六个迪士尼乐园,分别位于美国的洛杉矶和奥兰多(1955年)、日本的东京(1983年)、法国的巴黎(1992年)、中国的香港(2000年)和上海(2016年)。迪士尼乐园是所有主题公园中连锁规模最大的一个,通常由八个主题园区构成:米奇大街、冒险乐园、新奥尔良广场、万物家园、荒野地带、欢乐园、米奇童话城、未来世界,建设几乎都是完全相同的。迪士尼乐园中有许多迪士尼卡通形象,游客走进迪士尼乐园,与米老鼠合影、与唐老鸭玩耍,经历着动画片中的故事和场景。每个人都笑着、欢叫着,小孩子高兴得手舞足蹈,大人们好像也回到了童真时代。耳边是欢笑和音乐,工作人员唱着迪士尼乐园园歌《真善美的小世界》,"这是欢乐美丽的小世界,这是甜美幸福的小世界,我们来跳舞,我们来歌唱,真善美的小世界"。不同的迪士尼乐园的活动主题也不一样,2008年6月1日既是国际儿童节,也是香港迪士尼乐园向米奇粉丝们许愿为80岁的米奇"订婚"的日子,但在那天却是为米奇"祝寿",米奇仍在追求米妮,吊足了动漫迷的胃口。人们进入迪士尼乐园也许会接触到一些自己不认识、不知道的卡通形象,激起他们的好奇心,想知道这个可爱的卡通形象的名字、性格和故事,回到家中就会购买动画影碟或看电视来了解这个动画形象。这样从终点的主题公园又回到了起点的动画片,刺激了消费,推动了动漫产业更强势的发展。可以说,迪士尼乐园及其相关文化产业的开发者对动漫接受者的心理做了大量细致、深入而精准的研究。接受者喜欢迪士尼乐园,是对互动场景的接受,受到迪士尼乐园环境中与之相应的刺激与暗示,对动漫形象和动漫故事更加感兴趣,并感受到场景中的欢乐与和谐。迪士尼乐园是快乐的地方,是年轻新奇的源泉,是真善美的世界。

图 1-12　《阿凡达》

(3)三维数字技术

美国动画片借助三维数字技术达到了一个又一个创作高峰,《玩具总动员》《狮子王》《加菲猫》《汽车总动员》等影片都大获全胜。2010 年,导演詹姆斯·卡梅隆花了 12 年的时间,将 3D 特效科幻史诗巨作《阿凡达》奉献给了全球观众。《阿凡达》是感官的饕餮大餐,全球观众将最高的赞誉毫不吝惜地给予它。不管是视觉上的效果,还是制作技术和制作成本等,从任何角度看,《阿凡达》都是气势恢宏、雄伟壮丽的。虽然《阿凡达》并不是迪士尼制作出品的,但人物造型具有动漫夸张性的基本特征,所以在此进行讨论。

在《阿凡达》(见图 1-12)中,纳美人几乎是赤裸的,人体进行了夸张变形,蓝色的皮肤、拉长的腰身和长长的尾巴等,面对视野里满是赤裸的纳美人形体这一艺术语言符号,中国受众不仅接受它、承认它,甚至喜欢它。这也许是接受者看自己的方式,也是接受以"赤裸"为特征的西方文明。对于已经进入21世纪的中国接受者来说,接受纳美人的赤裸,不仅仅是回归自然,更是一种思想、观念、思维方式的解放。通过 IMAX 3D 眼镜观看《阿凡达》,人类的小毛孔、花草的浮动尽收眼底。荧光、云端、绿色和天籁之音,这些都是潘多拉星球的关键词,令人真想离开钢筋混凝土的嘈杂世界,将自己变为纳美人,生活在那个美丽虚幻的世界。作品中的梦幻元素增加了接受美学研究的兴味,电影本身能够产生动的幻觉感受,将"感官的审美感受"同"诗意性创造"和"净化"完美地结合起来,必然对接受者产生更大的吸引力,使接受者完全投入到接受过程中去,获得了美的享受,这是"自由""自在"的接受。《阿凡达》讲述的是人类为取得珍贵稀少的资源而不惜破坏纳美人的家园,实质上也是对人类文明中"排异、种族"问题的思考。在现实生活中,2010年3月的报纸报道了"印度奥里萨邦上演真实版阿凡达",英国一家采矿公司要开采含有7 000万吨铁铝氧石的"圣山",印度"山地人"游行示威,誓死捍卫"圣山"家园。这是接受者从艺术作品联想到了现实生活,具有接受的共时性。

在制作《阿凡达》的时候,制作团队还开发并设计了一套与以往不同的三维软件。以前的动画形象均是在3D类软件中从建模覆材质最基础开始制做的,而《阿凡达》的新型软件是将真人设置其中,并进行重新设计,这样的效果更加真实。技术的更新速度是无限的,动画的发展是无限的,人的想象能力是无限的。《阿凡达》使数字动画电影呈现出技术的美学特征,建立起特殊的艺术体系。三维动画电影更加贴近人的视知觉立体感,技术美学精确地表现了视觉美感。《阿凡达》的最新技术让接受者们很新奇,与其他三维影片不同,它有更高技术的 IMAX 支持。《阿凡达》的新奇和人们的从众心理给电影带来了更高的票房,但观看过程对技术设备的依赖是接受上的限制,技术高也导致了票价过高。另外,在影院动画中,与恋人、朋友等一起观看并非真正意义上的作品接受,是接受美学中的"它用",《阿凡达》在中国的接受效果与预期相差较多。

回想美国的经典动画形象,看看现在的《阿凡达》,可以发现中国动漫与美国动漫有一定的差距。美国的动漫产品就像可乐、肯德基一样在我们的身边随时随处可见。我们吃着肯德基,喝着可口可乐,看着美国的动画片,很是悠然享受,却没有想到我们中国的动漫是否该警觉、该发展、该行动起来了。国产动漫缺乏生命力,让人忧心,如何获得后发之势,夺回国内的动漫市场是中国动漫创作者及所有受众义不容辞的责任和义务。

1.4.3 从接受美学角度分析美国动漫对中国动漫现状的影响

美国动漫因其强势、先进的经济、文化和科技而形成了一种优势的大众文化。动漫业每年在全球范围内为美国赢得了超过1 000亿美元的收入,动漫文化的"输出"是美国重要的发展诉求。中国面对这种长期坚固的据有关系,想要打破中国动漫弱势的僵局是非常困难的,中国动漫的现状很不乐观。根据对美国动漫的接受状况调查和具体作品的分析,美国动漫产业的发达主要得益于三个方面:一是建立了持久、知名的品牌形象;二是形成了世界上最完整的动漫产业链;三是拥有先进的并不断进步的动漫技术。从接受美学层面来分析,动漫是艺术、产业和技术的集合接受,艺术品牌形象是多次接受的前提,品牌形象带动了产业链的形成;产业链是接受的完善,动漫产业链依靠日新月异的技术进行扩展提升;技术应用服务在完整的产业链中使接受大众的接受欲求不断变化,三者相互依靠、相互渗透,最终使美国动漫产生了巨大的接受影响和接受效果,这对于中国动漫的发展很有启发。

首先,动漫是一种艺术,动漫艺术品牌形象涉及接受美学理论的中介、文本和符号。艺术作品是接受的中介,过去的和现时的作品中介使一代代的接受者为之倾倒,是艺术文本在发挥着作用。艺术文本是一种联系的中介,也是独立的中介。动漫艺术"文本—接受者"构成了动漫的传播学和接受学。在传播与接受的反复过程中,接受者对动漫艺术文本有了较为持久的感觉,形成了动漫的品牌形象。动漫品牌形象不仅是一种艺术语言符号,更是一种外显的文化象征符号。动漫品牌形象理论典型地反映了马斯洛的"需要层次理论"中接受者更高一级的文化精神需求。不同的接受者对同一个动漫品牌形象因其自身独特的情感心灵,会产生不同的接受,对动漫品牌形象的不断接受正是动漫艺术作品成功的核心与秘诀。美国动漫已经形成了以品牌形象为中心的高度商业主义,米老鼠、唐老鸭等家喻户晓的品牌形象通过多种方式不断增加自身的品牌价值,产生了相应的铺天盖地的动漫商品,获得了巨大的经济利润。更重要的是,品牌形象造成了受众的忠诚与崇拜,使动漫呈现出大众文化的态势。迈克·费瑟斯通指出:"使用的是影像、记号和符号商品,它们体现了梦想、欲望与离奇幻想;它暗示着在自恋式地让自我而不是他人感到满足时,表现的是那份罗曼蒂克式的纯真和情感实现。当代消费文化,似乎就是要扩大这样的行为,被确定无疑地接受。"可以发现,动漫品牌形象的力量是强大的,不仅带来了巨额的经济利润,更承载着文化价值的传播与渗透。相比较而言,中国曾经的《大闹天宫》、"水墨动画"等树立起了中国动漫的品牌形象,将中国传统文化与价值观念向外传播。现在的中国动漫创造了一些诸如"奥运福娃""喜羊羊"之类的动漫形象,但仅限于中国本土的接受与消费,没有创造出被全球接受的真正意义上的动漫品牌形象。

其次,动漫是一种产业。动漫文本完成以后,并不会主动投向接受者,要通过庞大的传播与接受系统的产业链,才能形成从点到面、从个体到整体的完整接受。动漫产业链是一个系统,在这个系统当中由无数个动漫品牌形象即符号进行链接,形成了相互影响的接受链条。动漫形成了产业链,使其动漫形象无时不有、无处不在地渗透在接受者的生活之中。美国动漫产业最主要的特点是经典的动画产品的发行以及其形象影响力的传播,这种带动效应形成了美国动漫产业链。美国动漫产业模式是书籍、电视电影、玩具服装、主题公园的递进循环模式。在这个过程中,动漫形象被不断发掘,价值不断提升,创造了无限的接受效益。完整的动漫产业链作为不断接受消费的完善和结果,成就了美国动漫产业在全球动漫市场的霸权地位。

从我国动漫发展的现状来看,动漫产业链的构建相当薄弱。动漫产业链从接受美学系统性层面分析,由三个层次构成:一是动漫作品本身的开发;二是依靠动漫形象授权向外延伸的市场;三是借助动漫作品的创意形成的相对独立的市场。根据我们的实际调查,我国动漫产业还处于初级阶段,从第一层次向第二层次发展过渡的阶段。并且,由于我国动漫市场不成熟、观念陈旧、动漫人才储备不足以及相关政策资金不到位等问题,原创动漫作品开发这个层面的发展也极为缓慢。所以,我国应从最基础、最细小之处入手,重视原创性动漫形象的创作,提高广大受众对动漫作品的认可与兴趣。经受众认可的品牌形象可降低动漫投入的风险,增大开发动漫产业链的成功概率。与美国动漫完善的产业链而带来的完整的接受相比,中国动漫产业的脱链造成了接受状况的窘迫局面,因产业链的缺失而阻碍了受众接受的全面性。

最后,动漫既是一门艺术,也是一种产业,更是一项技术。中国美学史上历来有"技艺相通"的观点,如《庄子·天地篇》中所谓"能者有所艺者技也"。

可以说，在其他条件相同的情况下，技术越高，动漫艺术作品就会越好。当今的动漫技术使受众处于一个"前所未有的人造物的世界"，能够以各种手段满足后现代受众的奇观欲求。动漫产业在这种技术化生存中如鱼得水，特别是动画片借助技术达到了制作、传播、复制和观看的高峰。如前文分析的美国动漫影视作品《阿凡达》，美国动漫发明了一种新技术，在制作上可以不用建模制作场景，而是将真人、真实的场景置换移植进去；在观看上，利用IMAX技术消解受众与作品的距离，还有意识地在接受者头脑中创造一种幻觉，仿佛身临其境。可以说，技术的更新与创新不断引诱、占有和维持着庞大的接受群体。20世纪80年代，迪士尼公司开始利用电脑制作动画；1996年，梦工厂开始制作三维动画；2004年，迪士尼公司关闭所有传统手工动画室，全面进入三维动画制作；2006年，迪士尼公司与皮克斯公司在技术上"强强"联合。电脑技术的发展使动画技术不断进行突破，动画效果越来越逼真、华丽，动画奇观被不断创造。

相比于美国先进的动漫技术，中国动漫要追求精神价值取向，我们可以把理查德·威廉姆斯的话作为对中国动漫创作人员一个很好的劝告："我认为电脑动画发展的趋势应该是保持新技术飞速更新的同时，把创作心态倒退回去，认真研究学习传统动画片的创作规律。"就我国目前的动漫科技含量而言，远不能满足消费者特别是青少年的要求，当然这也不能体现我国目前的现代化和科技水平。中国动漫要树立正确的技术观，技术虽然带给接受者从来未有的视听新奇感受，但技术是为艺术服务的，对于高科技的运用不能超过动画艺术本身，技术是附着于故事的，内容始终要大于形式。美国在制作技术上遥遥领先，我们作为发展中国家要做好定位，扬长避短，从思想主题、创意、手绘等方面寻找适合中国国情的动漫发展道路。如经济发达的日本，在面对美国动画的高科技时也望尘莫及，却仍旧制作出了一大批优秀的二维动漫作品来。

至此，我们再将美国和日本的动漫稍作比较，进一步总结中国动漫与美国、日本的巨大差距，并对如何发展中国动漫有所思考。第一，美国的动漫作品动辄大投入、大制作、高科技，利用领先的三维技术娱乐着全球的动漫接受者，这与美国雄厚的经济基础是分不开的；日本的动漫作品以传统的二维动漫为主，但具有制作精致、画面优美等特点，在全球的影响力也是很大的，并且日本的动漫游戏产业发展很快，已经抢占了亚洲市场。第二，美国动漫作品传达着美式幽默，动漫艺术作品中表现着美国人自信乐观的精神；日本动漫作品细腻婉约、寓意深刻,让人回味无穷,很符合东方人的性格特征和审美习惯。那么,我们中国的动漫作品应该传达什么样的性格和精神呢?第三,全球以英语为母语或者官方语言的国家超过150个,英语是全世界的通用语言,所以美国动漫在配音语言方面已经占有先天的优势;日本动画从一开始落后美国几十年,是如何学习然后形成自己的风格并迅速发展成为一个动漫发达国家的呢?这些都值得我们深思和总结。

第 2 章　我国动漫产业发展及存在的问题

调查结果显示,我国动漫基本定位于儿童市场,但我国儿童主要消费的却是美国米老鼠、日本机器猫和英国天线宝宝;青少年喜爱、迷恋日本动漫;成人对动漫大多不关注,除了陪孩子根本不会观看,对动漫的接受观念较落后,如果三四十岁的人在看动漫,身边的人会觉得他不务正业。我国国内对动漫有着巨大的接受能力和文化消费需求,但在美、日动漫的冲击下,中国唯独缺少热爱本土动漫文化的接受群体,受众对中国动漫的接受率极低。近年来,我国动漫表面呈现出一片欣欣向荣的景象,但在繁荣的背后却是内忧外患。从陈奇佳的国内动漫市场的调研报告得知,在中国接受者最喜爱的动漫作品中,中国只有《海尔兄弟》《宝莲灯》和《西游记》进入前 30 名,并且排名非常靠后,其余全被日本、美国动漫垄断;艾瑞咨询的调查报告显示,在中国青少年最喜爱的动漫作品中,日本动漫占 60%,欧美动漫占 29%,而中国原创动漫(包括港澳台地区)的比例只有 11%,明显低于国外动漫的接受度,中国接受者对中国动漫的接受形势不容乐观。这种动漫"入超"不仅仅是一个简单的经济问题,更是承载着难以估量的价值诉求的文化问题。

在调查问卷第 11 题"您喜欢哪个国家和地区的动漫作品?"的答案统计中,我们可以发现,选择 A 的被调查者有 570 人,占被调查总数的 19%,排名第三,在日本、美国之后,显示出被调查者对中国动漫还是有很大期待的。在访谈过程中,被调查者谈及了曾经辉煌的中国动画,如《黑猫警长》《葫芦娃》《小蝌蚪找妈妈》《大闹天宫》等,也表达了对热播的《喜洋洋与灰太狼》的看法。调查统计显示,中国动漫产业处于起步状态,存在很多问题,缺少好的原创作品,文学和视听等的接受方式也不够明确和先进,既没有日本动漫的文化渗透性,也没有美国动漫的视听刺激性,接受者对于中国动漫的认知与接受度很低。

2.1 曾经辉煌的中国动画

中国动画艺术家曾经创作了许多家喻户晓的广受好评的动画作品。比如1961年万氏兄弟的《大闹天宫》、1961年特伟的《小蝌蚪找妈妈》、1984年戴铁郎的《黑猫警长》、1997年曲建方的《阿凡提》、1999年常光希的《宝莲灯》等。观众之所以对这些作品留下了深刻的印象，是因为当时国家引进并播放外国动画片的数量少，媒介传播还不够发达，观众从有限的电视频道看到的基本上都是国产动画片。另外，这些动画片的确优秀，具有强烈的民族风格，开创了动画的"中国学派"，在国际上也多次获奖。

《大闹天宫》（见图2-1）在中国动画史上具有里程碑的意义，由万氏兄弟（万籁鸣、万古蟾、万超尘）之一的万籁鸣导演，曾获得5项国际大奖，在44个国家和地区放映，接受影响效果巨大。《大闹天宫》中的"美术美"更胜于"电影美"，该故事取材于中国"四大名著"之一的《西游记》，原画全部是手绘，角色造型风格类似中国民间的剪纸绘画，人物脸部设计的灵感来自于中国京剧脸谱，颜色非常鲜艳，黄色、红色、绿色构成了动画片的主要色彩，具有浓郁的民族特色。《大闹天宫》最成功的是动作设计，借鉴了中国京剧、昆曲中的形体动作，夸张变形的角色造型是为了更好地表现复杂多变的动态动作。为了表现高超的动态动作，画面上猴子、仙女的手脚均过长等，角色形象的设计已经不符合自然生命体的正常结构和动作规律。仙女的角色动作优美、超凡、栩栩如生，吸收了中国敦煌壁画中飞天的姿态，表现形式唯美，具有流线型的艺术美感。孙悟空与二郎神的武打动作也非常精彩，并且孙悟空和二郎神都会"变化之术"，孙悟空变成一条鱼，二郎神就变成一只飞鸟追随，这更增加了角色动作设计制作的难度和复杂度，要求更多的手绘原画和中间画。夸张丰富的武打动作吸收了中国传统戏剧的精华，节奏时而快、时而慢、时而停格、时而繁多，孙悟空与二郎神动作的节奏变化多端与仙女舒展洒脱的动作形成了鲜明的对比，而动作节奏的丰富变化正符合角色形象的性格特征和故事情节的需要。《大闹天宫》的故事题材、角色形象的造型设计、动作节奏均取自中国优秀的民族文化，艺术作品深深地扎根于传统文化之中，形成了本民族的美学品质。

图 2-1　大闹天宫

《小蝌蚪找妈妈》(见图 2-2)是中国第一部水墨动画片,在 20 世纪 60 年代初获得瑞士第 14 届洛嘎诺国际电影节短片银帆奖等 5 项国际大奖,其接受影响及接受效果可见一斑。值得一提的是,它确定了动画片"中国学派"的重要地位。随后,特伟将水墨风格继续发扬光大,再接再厉创作了《牧笛》(1979 年)、《山水情》(1988 年)等一系列水墨动画片。《小蝌蚪找妈妈》根据方慧珍、盛璐德的同名童话故事改编,"谁是我们的妈妈呢?"小蝌蚪们努力寻找妈妈,一开始以为金鱼、螃蟹、小乌龟、鲶鱼是自己的妈妈,经历一番波折后,终于找到了自己的妈妈——青蛙。动画片的教育性极强,教育孩子们看问题要全面,同时还讲了"有志者事竟成"的道理。就表现手法而言,在《大闹天宫》中看到的是一个紧接着一个的繁杂夸张的动作,而《小蝌蚪找妈妈》则是一幅幅美丽静逸的图画,画面清静淡雅,取材于国画大师齐白石的鱼、虾等形象,奠定了动画片极高的美术水准,是对艺术作品更高级的鉴赏以及审美的接受与享受。这时的接受者已是接受美学中"作为理解的观众",具有"总体想象性"的领悟。正如柯林伍德所认为的,接受者在艺术作品中会产生一些感觉——情态经验或者心理经验;当它们被观众的意识活动从印象提到观念时,它们就能被转变成为等同于画家所具有的那种总体想象性经验了。1962 年茅盾为《小蝌蚪找妈妈》作观后诗一首:"白石世所珍,俊逸复清新。荣宝擅复制,往往可乱真。何期影坛彦,创造惊鬼神。名画真能动,潜翔栩如生。柳叶乱飘雨,芙渠发幽香。蝌蚪找妈妈,奔走询问忙。只缘执一体,再三认错娘。莫笑蝌蚪傻,人亦有如此。认识不全面,好心办坏事。莫笑故事诞,此中有哲理。画意与诗情,三美此全具。" 大文豪茅盾的评论从绘画艺术、科普教育、生命哲理、写意情调等方面给予《小蝌蚪找妈妈》极高的赞美。的确，动画艺术作品只有与生命美学联系起来，才能突显艺术作品的审美品质。《小蝌蚪找妈妈》具有"写意""似与不似之间""空白"的艺术特征，表现了水墨动画中的艺术情趣，也正是接受美学中的"召唤性"结构，体现出对美的不断追求。可以说，中国传统的古典美学思想和西方接受美学思想在动画艺术作品《小蝌蚪找妈妈》中得到了很好的体现。

图 2-2 《小蝌蚪找妈妈》

《阿凡提》(见图 2-3)是中国第一部三维动画片，第一个进入国际市场的动画片。阿凡提的本名叫霍加·纳斯尔丁，是一个真实的历史人物，"阿凡提"是"先生、老师"的意思，是对人的尊称。阿凡提是民族智慧的结晶，他是机智、幽默、正义、欢乐的化身。作为"民间艺术形象"的阿凡提，穿着白色干净的外衣，头上缠着白色的包布，黑色的大胡子，不停转溜的黑眼珠子，人物形象的刻画给我们留下了很深的印象。在西域风情的动画场景中，背朝前、脸朝后，倒骑着毛驴，总是唱着欢快的民族歌曲，阿凡提的形象家喻户晓。将阿凡提这个人物搬上银幕并拍成人偶动画还是有一定难度的，虽然人偶动画可以用三维的表达方式来突出立体的效果，但由于人偶动画中的角色是一个个固定的人偶模型，在操纵角色时必须掌握一定的技巧，人偶动画的动作往往比较僵硬，角色动作的不自然是人偶动画的弱点，所以艺术家们绞尽脑汁来弥补人偶动画的这个缺陷，故意将阿凡提的动作夸大，形成艺术化的表现风格，并且阿凡提的语言风趣幽默，让人笑声不断，很自然地就将观众的吸引力从人偶动画动作表情方面的劣势中转移出来了。由于人偶动画存在制作工艺复杂、动作不自然等缺陷,现在已经被三维动画取代了。三维电脑技术飞速发展,制作出来的角色形象、场景等从形状、色彩、材质、运动等各个方面都更加真实合理,可以达到以假乱真的程度。

图 2-3 《阿凡提》

中国动画曾经辉煌一时,在国际动画界赢得一片声誉。一方面当时的动画片美术水准都极高,动画的表现形式都以中国传统绘画为主,民间剪纸、民间绘画、水墨国画等为动画片的美术表现功不可没。但现在,老一辈动画艺术家大多过世,而中国动画后继无人,同时动画艺术创作者对于中国传统绘画的学习越来越不重视,大多数艺术生会选择油画、设计专业,而不愿去学习国画,觉得没有更大的发展前途。另一方面,动画片从题材到表现形式都具有鲜明的民族风格。将民族的个性与特色通过动画作品展现出来,获得了接受者的喜爱。

当然,辉煌时期的中国动画片也存在一些不足。第一,将受众定位于少年儿童,作品往往具有很高的教育性,希望"寓教于乐",而健康、教育这样特殊的审美尺度和要求,使动画的娱乐性和趣味性不足,限制了动漫作品本身的发展,动画形象的简单化和模式化,影响了后来中国动画界很长一段时间,动画接受观念一直扭转不过来,中国动画走了许多弯路。第二,"传统、民族"有时候束缚了人的思想和创作灵感。动画片《宝莲灯》剧情荒诞、缺乏逻辑,将原本经典的神话故事改编得无聊、乏味。与此相对照,美国的动画片《花木兰》给中国传统民族形象的花木兰注入了美国叛逆现代的精神理念,《功夫熊猫》取材于中国优秀的武术精神和国宝大熊猫形象,迪士尼公司对中国题材的《花木兰》与《功夫熊猫》均进行了现代意义的解构与重构,动画片中的幽默、乐观是美国式的文化,《花木兰》和《功夫熊猫》都是"传统"与"现代"的成功结合。面对快速发展的现代科技,面对现代人越来越高的审美需求,中国的老动画在审美、技术等方面已经过时。对于中国动画的发展现状来说,要将我们民族美学、文化美学的本质精神有血有肉地、鲜活丰富地、现代性地展示出来,并为中国广大受众所接受,这还很困难,动画艺术家还需要苦苦探索并不断努力。

2.2 喜忧参半的广东动漫

作为一名"80后"电视迷,对于《三个和尚》《小蝌蚪找妈妈》《铁扇公主》等这些经典的中国动画片,笔者有些都没有看过,只记得小时候看过《黑猫警长》,现在还会唱《黑猫警长》的主题歌,更何况现在的"90后""00后"了?他们能知道几部曾经辉煌过的中国动画片?尧斯从读者接受出发,提出了"一代人有一代人的文学史",社会不同,接受者的时代心理和审美品位不同,一代人有一代人的动漫史。笔者了解被调查者对中国老动画的接触程度时,被调查者几乎全部回答"不知道""没看过",现在的接受者更熟悉的是《喜羊羊与灰太狼》(见图2-4)。《喜羊羊与灰太狼》在2008年中文搜索风云榜·动漫卡通排行榜排名第45名,近年来为中国无数受众所熟知。那么,这部作品为什么这么受大家喜爱呢?它的成功之处在哪儿呢?

首先,《喜羊羊与灰太狼》赶上了好时机。在"作品—传播—接受"的过程中,传播方式和传播制约能够影响作品的被认可度,传播策略中的"时间"或"时机"也是决定一部作品是否成功或轰动一时的重要因素之一。近几年来,国家对动漫产业的发展越来越重视,中央多个部门联合制定《关于推动我国动漫产业发展的若干意见》,对动漫产业的发展给予政策、资金上的支持;各地兴建动漫产业基地,从北京、上海、深圳到西安,甚至贵阳都轰轰烈烈地开始建设动漫产业基地,动漫公司如雨后春笋般发展起来,有手绘动漫公司、Flash动漫公司、三维动漫公司及全面综合的动漫公司等;各大高校也纷纷开设动漫专业,培养了大量的动漫人才。这些都为《喜羊羊与灰太狼》提供了硬件设备和软件实力。国家广播电视总局下发文件要求,国产动画片在少儿频道每季度播出的数量不少于全部动画片放映播出总量的60%,并且在黄金时段

(17:00—20:00)一律禁止播出外国动画片,在媒介播放平台上给予政策上的保护。经过多方支持与层层保护,终于成就了今天广东的原创 Flash 动画作品《喜羊羊与灰太狼》。

图 2-4 《喜羊羊与灰太狼》

其次,《喜羊羊与灰太狼》的衍生产品做得多且细致。《喜羊羊与灰太狼》从电影、玩具、服饰到主题公园,将接受者的范围和数量一再地拓展和扩大。在 2010 年春节,想必 6 岁左右的小孩都有"喜羊羊"气球;在 2010 年正月十五的时候,会唱歌的"喜羊羊"灯笼又是亲朋好友们送给小朋友的礼物。《喜羊羊与灰太狼》的热映带来了衍生产品的巨大销售量,2009 年春节档期集中上映的《喜羊羊与灰太狼之牛气冲天》仅 19 天就狂卷了 8 000 万元的票房,2010 年周笔畅和郑中基共同演唱的主题歌《喜羊羊与灰太狼之虎虎生威》更是再创票房神话。截至 2011 年底,《喜羊羊与灰太狼》的漫画书销售量已经突破 4 000万元,"喜羊羊"玩具销售额也突破 1 000 万元。广州还在 2010 年 2 月举办了"大手牵小手·亲子同游《喜羊羊与灰太狼》主题乐园"大型活动。"喜羊羊与灰太狼"主题乐园是广东省首个实景主题公园,商家们在利益的驱动下将《喜羊羊与灰太狼》的动漫周边产品做得很精细,比如有"喜羊羊"书包、"喜羊羊"饼干、"喜羊羊"QQ 表情和手机屏保等。虽然"喜羊羊"的动漫产业链还不是很完整,与迪士尼公司的动漫产业相距甚远,虽然"喜羊羊"没有像米老鼠、Hello Kitty 那样形成全球的大品牌,但"喜羊羊"在面对中国的消费者时,它的定位很准确。颜色鲜艳、造型可爱,有的玩具带有音乐,小孩很是喜欢,"喜羊羊"的衍生产品数量很多且价格适中,对于经济水平一般的家庭来说,很划算,花钱不多却能让小孩开开心心。

最后,《喜羊羊与灰太狼》符合中国受众的接受心理和接受文化,表现了中国和谐的家庭文化精神。家庭是社会的最基本单位,中华家庭文化源远流长,对家的归依和对亲情的依恋是人类的共同情感,是人类的一种集体无意识的反映。《喜羊羊与灰太狼》中所表现的"家"是中华民族长期积淀的审美意识的一种当代性呈现。在中国新闻网上,2009年2月17日的新闻《网友列十理由称嫁人就嫁灰太狼,做人要做懒羊羊》中,列出了"嫁人就嫁灰太狼"的十大理由:①爱老婆胜过爱自己;②吃苦受累爱劳动;③聪明能干有毅力;④动手能力极强;⑤为老婆花钱不心疼;⑥不花心从一而终;⑦绝不偷藏私房钱;⑧不和老婆讨论对错;⑨亲自下厨无怨言;⑩想尽方法哄老婆。2010年的流行语是《喜羊羊与灰太狼》中的"我一定会回来的!"灰太狼每次抓到小羊总是辛苦地送到老婆面前,自己从没有一次先吃掉,因为"灰太狼爱老婆胜过爱自己",所以"嫁人要嫁灰太狼"。"女人能占半边天",现代女性在家里拥有很大的决策权,灰太狼家庭中的夫妻关系很符合现在中国小家庭的模式。喜羊羊聪明勇敢、美羊羊乖巧美丽、懒羊羊贪吃懒惰、慢羊羊是个小发明家,每个小朋友在这些小羊身上都可以看到自己的影子。"红太狼"代表了"刀子嘴豆腐心"的老婆,心疼为这个家庭四处奔波的"灰太狼"。在这片青青草原上,没有暴力,只有智力上的较量,羊家庭与狼家庭和谐共处。《喜羊羊与灰太狼》在成人世界里有着与儿童不同的审美和意义,体验到了"家"这一更深层次的情感,正符合了接受美学中"一千个读者,就有一千个哈姆雷特"这句话。

虽然《喜羊羊与灰太狼》这部动画片成功一时并有可圈可点之处,但如果为此而庆祝胜利的话,那我们对国产动漫的要求也未免太低了。《喜羊羊与灰太狼》仍存在着诸多不足之处。第一,老套的故事情节。《喜羊羊与灰太狼》的故事脱离不了"弱斗强、善斗恶,善良的弱者最终打败强大的恶者,快乐地继续生活"这样老套的故事模板。第二,粗糙的角色形象设计。低廉的制作成本导致了低级的制作质量,《喜羊羊与灰太狼》是用Flash软件绘制出来的,角色形象在Flash元件库中用绘图工具绘制,Flash时间轴面板帧的制作形成了场景的切换。这样的制作很简单,科技含量不高,只需一台普通电脑就可以完成,既没有三维立体的真实效果,又缺乏手绘的细致精美。羊的角色形象大体都一样,相同的白身体、大眼睛、褐色的羊角。为了区分不同的角色形象,喜羊羊脖子上挂的是黄色的铃铛,美羊羊扎着粉色的蝴蝶结,懒羊羊胸口有片黄色的口水巾……这只需在Flash中将羊的角色形象大形复制过来,添加一点局部元件并改变颜色即可。这样的操作很方便,但角色形象之间的差异性太小,并不能很好地从角色设计上达到动画人物性格塑造等的要求。第三,毫无吸引力的音乐。《喜羊羊与灰太狼》的主题曲是"喜羊羊,美羊羊,懒羊羊,沸羊羊,慢羊羊,软绵绵,红太狼,灰太狼。别看我只是一只羊,绿草因为我变得更香,天空因为我变得更蓝,白云因为我变得柔软",整部动画片没有配乐,只有这么一首歌曲,旋律不够优美,歌词内容太过空洞。歌词是把动画片中"羊"们的名字重复了一遍,虽然在动画片中增添了一些诸如"躲猫猫"之类的流行语,但整部动画作品的主题曲单一,毫无吸引力,12岁以上的被调查者们坦言不太喜欢主题曲。第四,幼稚的情节语言,让受众的年龄段更狭窄。力量太小就来点"增大药水",灰太狼太坏就给他喂点"乖乖丸",这样低级的解决问题方式也只是符合6岁以下儿童的幻想心理。所以,这是一部拍给12岁以下儿童看的动画片,情节幼稚、动作简单,太过低龄化忽视了成年人的感受。动画技术上的差距可以继续学习发展,可一旦思想观念被禁锢了,就很难再有突破。反观日本的宫崎骏动画,片头写着"献给曾经10岁或即将10岁的人们"。差距何其大也!

《喜羊羊与灰太狼》作品本身很一般,有网友认为《喜羊羊与灰太狼》是对美国经典动画《猫和老鼠》的模仿,但《喜羊羊与灰太狼》在各方面与《猫和老鼠》都相差甚远。《喜羊羊与灰太狼》没有美国动漫的高科技支撑,叫好又叫座;更没有日本动漫的细腻,没有抓住动漫灵魂最本质的东西;相比于中国20世纪80年代的老动画片,《喜羊羊与灰太狼》欠缺艺术上的表现力。《喜羊羊与灰太狼》只能说是抓住了好时机,营销策略得当,才获得了巨大的市场效益。也许我们的眼光太过挑剔,但我们衷心希望未来的中国动漫能够更加进步,不希望急功近利地制造一部部的"楼脆脆"式的国产动画,我们要脚踏实地地去做动漫事业,我们国产动漫离真正的"真、善、美"还很遥远。

2.3 陕西省动漫发展现状调研

中国动漫的在日本、美国动漫的夹缝中生存,其现实处境不容乐观。曾经辉煌的国产动画成为大部分中国"80后"受众的美好回忆,当代的中国动漫以广东的《喜羊羊与灰太狼》为代表太过低幼,也满足不了各个年龄阶段受众的需求。相比较而言,陕西动漫的发展现状尤其堪忧。陕西是一个文化资源大省,但不是一个文化产业强省。陕西动漫的发展水平,与国外动漫产业发展水平相比有天壤之别;与北京、上海等省份动漫发展相比,各方面都不占优势;与成都、长沙等经济水平相当的城市相比,也没有做出自己的特色。陕西省有关动漫发展的政策体制还很不完善,在政策扶持、资金帮助、技术支持等方面都做得不到位；陕西各大高校培养出的动漫人才与动漫企业的需求不相吻合，学生在手绘、技术制作等方面均达不到动漫公司的具体要求；陕西没有自己优秀的原创动漫作品，往往以对外的加工服务为主，动漫公司在两难的夹缝中苟且生存，只能拼命保住现有的地位和经营状况。

当然，即便是目前这样的发展水平，陕西省政府和各动漫公司以及相关从业人员也是做了相当大的努力。第一，2006年陕西省全面贯彻落实国务院《关于推动我国动漫产业发展的若干意见》，结合自己经济水平和文化科技方面的优势，制定了《陕西省扶持动漫产业发展实施意见》（以下简称《实施意见》）和《陕西省动漫产业发展规划》（以下简称《规划》），从各方面提出了保障措施，但是在具体落实上与《实施意见》和《规划》的要求还相差很远。陕西省将动漫问题作为一个重点，比如笔者所参与完成的课题《从动漫的接受看动漫文化产业的发展——以陕西省为中心》，被批准为陕西省社会科学界2010年重大理论与现实研究问题项目，可见陕西政府及各界人士对发展动漫的关心与支持。第二，在全国各省市都在建设动漫基地的背景下，陕西省也不甘落后，建立了一系列动漫类基地，比如位于西安高新区的"陕西省动漫产业发展示范区"，位于高新区创意产业发展中心的"陕西动漫产业孵化基地"，以及"陕西省动漫教育基地"（包括西安美术学院设计系、陕西师范大学新闻与传播学院等院校和机构），"陕西省动漫产业重点扶持企业"是西安纷腾互动数码有限公司。由此可以看到，凡是与动漫专业、动漫技术有关的学校或地方均被冠以陕西省动漫类基地的名称。据实地调查，陕西省的动漫基地很多，规模也不小，但整体动漫制作水平和出品的原创动漫数量就另当别论。第三，陕西省目前有动漫游戏企业400余家，从业人员上万，"联众世界""玛雅动画"等一大批动漫企业设计并制作了几部动漫作品，有《星际家园》、《大秦》（网络游戏）、《丝路少年》（三维动画片）以及二维Flash动漫作品《大话李白》和《长安乱》等。2020年陕西省动漫游戏行业协会年于1月15日在西安举行，并正式启动"我要上全运"电子竞技系列赛事。"我要上全运"电子竞技系列赛事是由十四运筹委会指导，由陕西省社体中心联合省动漫游戏行业协会为全运会营造群众体育氛围，旨在打造时尚健康，以电子竞技为核心的线下文娱平台，推动电子竞技运动进入全运会。

目前，陕西原创动漫作品的接受状况不容乐观。在调查问卷第15题"您是否完整地观看过一部或一部以上的陕西原创动漫作品"答案的数据统计（见图2-5）中我们发现，有60名被调查者选择了选项A"有"，仅占被调查总数的2%；2 040名被调查者选择了选项B"没有"，占被调查总数的68%；900名被调查者选择了选项C"不知道",占被调查者的30%。调查数据显示,没看过或不知道陕西原创动漫作品的被调查者的比例高达98%,而看过陕西原创动漫作品的被调查者的比例只有微乎其微的2%。由此可见,陕西原创动漫作品的接受状况很不乐观。

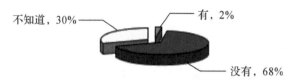

图2-5 陕西动漫的接受度

再来看具体作品的接受状况。在调查问卷第16题"《丝路少年》、《大话李白》、《猫和老鼠》(陕西方言版)、《星际家园》(网络游戏)等陕西原创动漫作品中,您看过或对其有一定了解的有几部"答案的数据统计(见图2-6)中我们发现,选择0部的被调查者有1 500人,占被调查总数的一半;选择1部的被调查者有1 050人,占被调查者的35%;选择2~3部的有210人,占被调查者总数的8%;选择4部的被调查者有210人,占被调查总数的8%。调查数据显示,接受者对陕西具体的原创动漫作品知之甚少,陕西具体的原创动漫作品接受情况令人担忧。我们在后面继续追问下,看过1部陕西原创动漫作品的被调查者一般观看的是《猫和老鼠》(陕西方言版),接受者对经典的《猫和老鼠》形象记忆深刻,更多地是回味童趣。《猫和老鼠》中搞笑调侃的陕西方言娱乐着接受者,外来人口和陕西本地人用《猫和老鼠》中幽默的方言互相沟通交流,增进彼此感情。但我们要明白,《猫和老鼠》(陕西方言版)并不是完整意义上的陕西"原创"动漫作品。

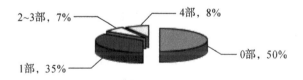

图2-6 陕西动漫作品的接受数量

接受者没有看过或听过陕西原创动漫作品,主要有两个原因。一是陕西省在宣传方面的力度不够。"叫卖"一词就形象地说明了商品宣传的重要性,一部再好的作品,需要通过媒介平台让接受者们认识并观看。应通过电视、报纸、广播、网络大力报道宣传陕西原创动漫作品,可对某些优秀的画面作出报纸或电视专栏评论,或在广播中与听众分享一些动漫主题曲。我们迫切需要建立专业的"陕西动漫网",在网络上传二维 Flash 动漫作品,建立讨论吧让网友发表意见、提出建议,并将其反馈给艺术创作者,这样有利于创作者修改优化作品。通过网络接触陕西原创动漫作品太过局限,还应通过电视媒介播放动漫作品,选择合适的时间段,让观众看到更多的二维和三维动漫作品。媒介的力量是强大的,很多明星成为人们茶余饭后的谈论对象,很多艺术作品在接受者口中传唱、笔下点评,很大程度上都应归功于媒介宣传。二是动漫作品自身质量不高。好的作品经过包装和大力宣传被接受者认可,可"好事不出门,坏事传天下",要是动漫作品质量不高,主题陈滥,会导致作品的批评声更多,不但不能使受众接受动漫作品,反而会弄巧成拙,令受众更加反感。

现在我们来分析一部典型的陕西原创动漫作品《大话李白》。

《大话李白》(见图 2-7)是西安创梦数码动画公司 2004 年创作的一部二维 Flash 网络动漫作品,讲述了唐代大诗人李白在寻求爱情、友情、事业过程中所经历的坎坷,体现了当代青年在现实生活中所遇到的种种压力和困惑。《大话李白》轻松搞笑,为了表现大话风格,首先值得肯定的是在动画人物角色设计上颇有创新,跨越时代界限,表现得非常生动。在《大话李白》中,李白崇尚爱情、浪漫奔放,被设计成了一个唐代愤青形象,身着白色长服、头戴官帽,帽子中间镶嵌着一块晶莹透亮的翡翠,衬托出李白的智慧单纯,脸上有两抹红色,刻画出"酒仙"形象,设计出的整体角色形象玉树临风、潇洒飘逸。王维在《大话李白》中个性十足、重情重义、言语调侃,虽才高八斗,但其貌不扬,所以跨越时代界限王维被设计成一个现代年轻人形象,身穿红色 T 恤,头戴橙色鸭舌帽,脚蹬板鞋,一派活力,时尚,但浓眉、小眼,香肠嘴又增加了王维的幽默成分。皇帝在《大话李白》中是九五之尊,但心胸狭窄、独断专行,在设计时重在人物表情的刻画,倒立的眉毛下是两只距离较近的小眼睛,嘴巴下抿,下巴翘起,总是紧握着拳头,一副"吹胡子瞪眼"的样子,通过表情将动画人物的性格表现得非常符合剧情的需要。可以认为,《大话李白》的剧情已经颠覆了传统,为了达到剧情的需要,动画角色生动可爱,在设计上动画人物造型打破常规,非常大胆。但到了《大话李白》的续集《长安乱》时却越做越差,动画背景哗众取宠,与人物形象不是很和谐。动画片中甚至都没有字幕,导致很多接受者听不懂陕西方言。然而,剧情荒唐才是《大话李白》最失败的地方,整部作品以搞笑为追求,没有思想性和教育性。《大话李白》总共有五话(五集),分别是《触不到的恋爱》《瞬息万变》《永远的兄弟》《爱情错位》和《天各一方》。在《大话李白》中,杨玉环嫁给了皇帝,李白与杨玉环痛苦分手,但太监挑拨是非,向皇帝告状说李白与杨玉环在断肠桥互留 QQ 并还有联系。皇帝气急败坏,于是派高手去捉拿李白。兄弟王维为救李白被打得晕了过去,一位叫素美的高丽女子救了李白并爱上了他。素美的兄长将素美强行带走,李白伤心欲绝,离开长安浪迹天涯。动画作品将原本的传统文学故事改编得乱七八糟,毫无文化精神与美感,动画片中还有很多陕西方言骂人脏话,从语言、内容、思想上来看可取之处甚少。

图2-7 《大话李白》中的角色形象

因此,《大话李白》最多算是创梦数码动画公司的宣传作品而已。《大话李白》总共5集,一集的时长为5分钟,25分钟就能看完全部作品。因为时间很短,根本达不到电视台播放的要求,只是网友们下载观看,娱乐交流,接受者数量很小。而且《大话李白》做成陕西方言版,又缩小了接受者的范围。《大话李白》充其量只是在网络上流行的一个Flash作品,谈不上规模化、系列化的动漫制作,与《喜羊羊与灰太狼》比起来差距很大。经过仔细观看、比较分析和调查访谈,陕西几乎没有一部像样的原创动漫作品。陕西动漫在接受层面存在很多问题,既没有好的原创动漫作品,广大接受者也不了解陕西动漫产业的发展状况,陕西动漫的创作能力更是薄弱,陕西动漫之路"漫漫",任重而道远!

陕西发展动漫具有重要的经济意义。笔者在调查问卷第12题和第13题中,分别向被调查者提出了"您每月花在动漫上的时间有多少""您每月在动漫上花多少钱"两个问题。调查数据显示,每月在动漫上花费时间为"10个小时以内"的占了最大比例,为61%,有1 830人选择了此项;每月在动漫上"从不"花钱的被调查者有1 710人,占被调查总数的57%。由此可见,大多数被调查者每月在动漫上花费的时间和消费的金钱都很少,处于一个初级的起步状态。

这说明动漫还是一种非主流文化,只是面向小众的消费品,这主要是因为中国的经济消费水平不高,中国的动漫市场还很不成熟。而根据调查问卷的第4、11、14、17题的动漫喜好程度及动漫前景分析统计数据(见附录2)显示,第12、13题被调查者花费时间和金钱少的选项结果并不能代表接受者对于动漫的喜爱程度,也不能代表中国未来巨大的动漫消费能力。

在调查问卷第14题"您认为通过手机平台看Flash动画、漫画有前景吗"的答案数据统计中我们发现,有2 340名被调查者选择了选项A"有",占被调查总数的78%(见图2-8);在调查问卷第17题"您是否愿意去消费陕西原创动漫"的答案数据统计中我们发现,选择"愿意"或"如果值得愿意去看"的被调查者有2 640人,占被调查总数的88%(见图2-9)。由此可见,陕西动漫产业是具有十分光明的发展前景和巨大的商业利益的。

图2-8 手机动漫的前景度调查

图2-9 陕西动漫的消费度调查

动漫是精神性和物质性双重消费的综合体,动漫产生具有望不穿的巨大物质利益。动漫艺术作品的接受和消费,会相应地带来文化价值产品的接受和消费。陕西发展动漫就意味着新的经济契机,可以为陕西创造更多的就业机会,刺激经济的发展,艺术娱乐文化的消费需求往往会促进文化产业的迅速发展;发展动漫产业可增强陕西的软实力,给相关的教育、科技等领域带来又一次的发展机遇,如5G时代的到来,手机动漫业又是一个新兴的市场,动漫与陕西电信产业相融合,给陕西相关产业带来了新的增值空间;发展动漫产业可以带动陕西旅游业的发展,可以为陕西做更加有效的广告,这就像香港、上海建有迪士尼乐园,更多的家长和孩子更愿意选择去香港和上海旅游一样。现在全国各地都面临着就业难等问题,动漫这种艺术文化的娱乐形式可以给在现实中四处碰壁的人们一种精神上的安慰。总之,陕西作为一个文化大省和人口大省,发展动漫产业有着十分显著的经济意义。

陕西要发展动漫产业,必须有正确得当的思路来引导。陕西具有发展文化产业的优势资源,诸如十三朝古都的历史文化遗迹,佛教、道教等宗教名胜古迹,秦腔、皮影、剪纸、雕塑、户县农民画等艺术样式和颇具魅力的地方文化,延安红色革命根据地的故事等,都为陕西发展动漫产业提供了独一无二的丰富的创作素材;陕西拥有一大批享誉国内外的文学家、技术精湛的专家和民间艺术家,以及各大高校培养的动漫、美术、广告、音乐、舞蹈、软件开发制作等专业的毕业生,他们为陕西发展动漫产业提供了大量的人才保障;政府政策的扶持和鼓励、建设完善的动漫类基地、基础雄厚的制造业和数字信息高新产业等为陕西发展动漫产业提供了科技政策优势。陕西具有发展动漫产业"天时、地利、人和"的优势,但相比美国和日本动漫的强势、北京和上海动漫发展的经济优势,陕西发展动漫产业是机遇与挑战并存的。那么,陕西该如何发展自己的动漫产业呢?

在我们实地调查、问卷调查和现场访谈的过程中,大多数被调查者都希望陕西动漫能有更好的发展,对陕西发展动漫产业充满信心,也提出了具体的建议和意见。在回答调查问卷的第20题"您对陕西未来动漫及相关产业发展的态度"时,有930位被调查者选择了"充满信心",占被调查总数的31%。

陕西要想发展动漫产业,获得人们对动漫作品的接受、消费和喜爱,首先要从最根本的动漫作品质量抓起。艺术作品本身的质量决定着消费者的喜爱程度,调查问卷第18题旨在说明动漫作品质量是动漫接受的前提,也是动漫的关键发端。在调查问卷第18题"您认为陕西原创动漫在哪方面最为薄弱"的答案数据统计中,有420名被调查者选择了"动漫故事剧情",占被调查总数的14%;有360名被调查者选择了"加工制作技术",占被调查总数的12%,有450名被调查者选择了"动漫造型美术",占被调查总数的15%,有390名被调查者选择了"经营战略策划",占被调查总数的13%;另有1 380名被调查者选择了"不了解",占被调查总数的46%。有近一半的被调查者不了解陕西动漫产业的薄弱环节,说明陕西动漫在陕西地区的接受者心中的影响力极小(见图2-10)。

我们对前四个选项进行了比例值从高到低的排序,分别是动漫造型美术设计、动漫故事剧情、经营战略策划和加工制作技术。动漫造型美术设计构成了动漫作品的"形式",动漫故事剧情体现了动漫作品的"内容"。调查显示,陕西动漫应设计制作出"内在美"和"外在美"相结合的原创艺术作品,这样才有利于动漫市场的发展。比如在实地调查中,我们发现成都创作的《巴布熊猫》本土原创动漫作品中的熊猫形象可爱、讨人喜欢,保护国宝大熊猫是动画的主题。该作品在中央电视台和地方电视台播放,受到了接受者的喜爱。陕西也可以制作出以兵马俑、大唐故事、陕西八大怪等为主题的动画片来宣传自己。有了好作品才有进行战略策划的底气,智慧的策划会让动漫作品的接受事半功倍。如上海美术电影制片厂为动漫作品《宝莲灯》所做的策划可谓一箭双雕,很值得学习。他们主要是用明星歌手的 MTV 来宣传《宝莲灯》,起了很好的宣传和引导效果。在拥有优秀的原创动漫作品的前提下,陕西可以向不同年龄段的接受者宣传,传播范围不仅局限于陕西地区或网络平台,应走出陕西,力争在全国市场乃至更大的范围获得更大的效益。

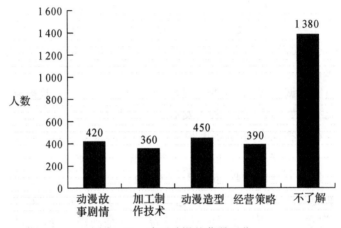

图 2-10　陕西动漫的薄弱环节

动画作品是动漫发展的核心内容,只有有了优秀的动画作品,动漫形象深入人心,才会延伸到动漫衍生产品玩具、主题公园等的发展。在调查问卷的第19题中,我们向被调查者提出了"陕西建动漫主题公园是否有价值"的问题。60%的被调查者认为陕西建主题公园有价值。目前,中国只有香港迪士尼乐园和上海迪士尼乐园两座大型主题公园,陕西可以利用地理和历史文化的优势申请在西安建设迪士尼乐园。主题公园一年收入数十亿元,能够带来巨大的经济效益,并给历史厚重的陕西旅游文化业增添国际性的现代色彩。经过调查访谈,我们还构想出一些其他相关的动漫主题公园的设想,比如在大唐芙蓉园放置一些汉唐人物的卡通造型,在雁塔广场塑造"陕西八大怪"的卡通形象,通过一个个卡通造型来讲述曾经繁华的汉唐故事,并表现陕西人憨厚豪爽的性格;政府已经在曲江文化产业园建设动漫影视公园,各方面条件成熟后还可以在西安浐灞生态区建设大型的儿童动漫主题乐园;在华山建设"华山论剑"动漫主题公园,这样不仅可以使游客欣赏、感受华山险峻的自然风光,生动传神的武侠动漫形象,还可以为华山增加神秘的文化色彩。

调查问卷的第21题是主观题,询问被调查者对于陕西发展动漫产业的建议和意见。笔者将被调查者的回答进行整理,并开展了追踪访谈,以便更加直观、清楚地了解被调查者对陕西发展动漫产业的建议和意见。被调查者认为,学习、沟通、交流可以让陕西动漫产业的视野和思维更加开阔,要学习日本、美国动漫产业发展的经验,可借鉴《喜羊羊与灰太狼》的成功案例。被调查者还认为有政府的帮助与扶持,陕西动漫产业才能发展起来。身边的事实证明,没有西部大开发政策就没有西安高新技术产业开发区和郭杜教育科技产业开发区,同样,陕西动漫产业要想有跨越式发展,必须依靠政府扶持。但目前,陕西仅有动漫基地,没有优秀的动漫原创作品,应继续利用各方面帮助和优势整合全部力量,以更切实的行动为陕西原创动漫的发展贡献力量。动漫艺术的发展能够在文化产业、经济效率上产生积极的不可估量的效益,大力发展动漫产业是必要的选择。

2.4 接受美学视域下我国动漫发展存在的主要问题

在分析调查数据的基础上,笔者从对国产老动画片到广东动漫《喜羊羊和灰太狼》以及陕西动漫现状的分析中得知,中国动漫接受度较低,中国曾经辉煌的经典作品和现在的低幼动漫经受不住美、日动漫的强大冲击,近20年来美、日动漫"一统天下",中国动漫的发展步履艰难。通过对中国动漫现状及整体动漫文化环境分析,加上调查、访谈统计结果分析,笔者认为,我国动漫发展主要存在着接受观念落后、忽视接受者的"期待视野"和传受关系的差异性三个问题。这三个问题贯穿了接受美学中"作品—传播—接受"三个维度主客体双向交流的审美过程。

(1)接受观念的落后

文化是一个复合的整体,其中包括知识、信仰、艺术、道德、法律、风俗以及人作为社会成员而获得的任何其他的能力和习惯。接受观念首先存在于社会文化这个大环境之中,接受观念受制于社会文化,当社会文化发生变化时,相应的接受观念也会发生变化。接受观念虽然看不见摸不着,但作为人的思想意识依附于某种具体的物质。接受观念是实实在在存在的,它直接影响着人的行动力,最终决定了作品传播的顺畅与最终实际的接受效果。中国动漫落后的接受观念决定了动漫产业整体软弱的行动力和发展的滞后性。美只有在人的心灵中实现共鸣,才能真正得到体现。尧斯的"读者决定一切"使接受观念成为接受美学最本质的因素和问题。接受观念不单单存在于接受者这个接受主体之中,还存在于创作者和传播者的头脑之中。它包括对动漫作品本身的认识问题、动漫创作和传播的具体问题、动漫作品和受众关系的变化问题等。有什么样的接受观念,就有什么样的动漫作品和认知效果。不同流派、不同风格的动漫创作,不同方法、不同途径的传播模式,不同程度、不同性质的具体接受,都是在不同的接受观念影响下形成的。可以说,对动漫接受观念的研究具有重大的理论意义和实践意义。

首先,动漫接受观念的落后导致对动漫艺术概念和类型认识的模糊。人们一谈及动漫,要么狭义地认为是动画和漫画的总称,要么只是单纯地想到米老鼠等动漫形象,这样的接受观念不利于动漫艺术和动漫产业的发展和提高。其次,目前中国还存在着"动漫只是给儿童看的"观点,并且总是想方设法地将教育性强加在动漫形象之上。而卢梭认为,儿童"不能接受观念,只能接受形象",2~12岁的未成年动漫接受者的理智还处于睡眠状态,因而,这样的接受观念就造成了"大人不去看,小孩看不懂"的接受状况。最后,在我们认为思维超前、创意无限的创作者身上仍找不到与时俱进的接受观念。中国的动漫创作者相当看轻接受者,也不明白接受者想看什么样的动漫作品。中国的动漫创作者依旧停留在以往陈旧的表现手法和结构原则上,没有新奇、多样化和探索性的动漫艺术,使接受者的接受印象一再受到打击。因此,中国动漫最重要的是先将接受观念格式化和创新化,之后再谈及动漫产业实际的发展。

(2)"期待视野"的忽视

接受者在接触或观看动漫之前均存在着深层次的先验心理,在接受美学中尧斯将这种先验心理总结为"期待视野"。"期待视野"决定了动漫作品是否受到接受者的喜爱,创作者重视"期待视野"是尊重接受者的表现。接受者不是被动的,由不同性别、年龄、职业等接受者组成的接受群体是能动的,他们决定了作品是否最终被接受的实际效果。每一部动漫作品或每一个动漫产品的收视率或票房,都隐藏着接受者的兴趣热点,这些重要的数据都是由接受者创造和决定的。可见,"期待视野"是非常重要的,是接受者复杂的审美需要和欲望需求。

调查问卷第6~9题涉及接受者喜欢何种动漫类型、动漫作品的吸引点和接受者感兴趣的动漫题材等问题,其实都是间接对接受看点和接受热点的提问,即对受众"期待视野"的调查分析。从调查问卷的结果和客观实际情况进行对比分析可以看到,中国的动漫创作者不明白接受者喜欢什么样的动漫作品,不分析接受者为什么喜欢这样的动漫作品,不理睬受众对动漫作品的反馈信息,即忽视受众的"期待视野"。这应该是中国动漫产业发展落后的根本原因。不管是文学作品还是艺术创作,在不同时代,受众的"期待视野"是不同的。比如说,20世纪八九十年代的读者喜欢琼瑶的言情小说和金庸的武侠小说,90年代电视荧屏上的阿童木、一休哥、奥特曼等卡通形象备受追捧,2008年开始流行日本的网络动漫《火影忍者》,《七龙珠》《死神》《哆啦A梦》等紧随其后。所以,中国的动漫创作者要研究不同时代、不同类型的受众,找准他们的"期待视野",努力创作出适应时代需要和受众品位的动漫作品来。尽管某些带有暴力、色情元素的低级动漫作品有一定的接受群体和市场,但在考虑和顺应受众"期待视野"的同时,也要提高受众的兴趣和素养,在一定程度上超越受众的"期待视野"。可以说,既顺应又提高受众"期待视野"的动漫作品,才是真正的好作品。

(3)传受关系的差异性

一部动漫作品,即便它以崭新的面目出现,也不可能在信息真空中以绝对新的姿态展示自身,但它却可以通过预告、公开的或隐蔽的信号、熟悉的特点或隐蔽的暗示,预先为读者提示一种特殊的接受。它唤醒以往阅读的记忆,将读者带入一种特定的情感中,随之开始唤起"中间与终结"的期待,于是这种期待便在阅读过程中根据这类文本的流派和风格的特殊规则被完整地保持下去,或被改变、重新定向,或讽刺性地获得实现。传受关系就是创作者、传播者、接受者之间互动的关系,传受关系的前提是前文提到的"期待视野",有了对"期待视野"的认同与统一,传受关系才能够趋于相似或相同。中国动漫对"期待视野"的忽视,导致了动漫作品没有可视性。可视性之所以被看重,是因为当今人类的经验比过去任何时候都视觉化和具象化了。从儿童、青少年到成年人,受众对动漫作品的视听、文学等元素的要求越来越高,而中国动漫的创作力不仅没有进步甚至在逐渐下降,最终导致传受的认同出现极大的差异。比如说,传者对中外优秀的动画片排名是《花木兰》《玩具总动员》《狮子王》《大闹天宫》《哪吒闹海》《埃及王子》《千与千寻》《攻壳机动队》《三个和尚》《我为歌狂》,而受者的排名是《名侦探柯南》《灌篮高手》《机器猫》《我为歌狂》《蜡笔小新》《七龙珠》《樱桃小丸子》《神奇宝贝》《秀逗魔道士》《宠物小精灵》。这说明传受双方的认同存在极大的差异。可以看出,传受双方对日本、美国和国产动漫的排名极为不同,传者对美国和国产动漫较为认可或者比较保护,而实际情况是受众对日本动漫的热情大大高于美国和国产动漫。中国动漫传受双方之间的问题十分严峻,传者与受者之间是一种疏离的、散失的状态,传者不明白受众的兴趣点,受众不喜欢传者所推出的动漫作品或产品。虽然某些动漫作品利用广告宣传等手段引起了受众的注意,提高受众的选择值,但有时候因作品本身的质量问题却产生了相反的效果,受众大失所望。传受关系正是接受美学中的选择机制,在选择机制中,接受者一方面根据自身的价值与需求进行选择,另一方面也受到社会舆论的引导。传受关系要趋于统一,只有在受众选择后才能真正实现。中国动漫要在创作、传播、接受的过程中形成双向互动、改善交流的关系,才能提高动漫作品的质量,实现动漫产业的快速发展。

中国动漫若能改变接受观念、重视接受热点和"期待视野"、改善传受关系,在接受美学"作品—传播—接受"完整的审美环节中就会有质的发展与超越。换言之,将接受美学相关理论思想和方法具体切实地应用在中国动漫之中,中国动漫的接受状况和未来发展就会变得更好。

第3章 陕西省动漫产业集群竞争力分析与策略研究

3.1 动漫产业发展及产业集群竞争力

3.1.1 问题的提出与研究意义

近20年来,全球范围内掀起了一股发展文化创意产业的热潮,我国政府也相当重视,先后出台了一系列扶持文化创意产业发展的政策。动漫产业是文化创意产业中的典型代表,对于动漫产业的研究可以为整个文化创意产业的发展提供借鉴。2004年4月国家广播电影电视总局出台了《关于发展我国影视动画产业的若干意见》,2006年财政部、文化部、国家广电总局等十个部门又联合发布了《关于推动我国动漫产业发展的若干意见》。这些政策实施后,各地动漫画产业基地建设热情高涨,动漫作品产出快速增长,各项动漫展会、赛事活动不断举行。

目前,国内动漫产业主要是以集群和产业园区的形式存在和发展的。理论上讲,动漫产业集群是指动漫产业领域中众多独立又相互关联的企业、个体创意者以及相关支撑机构,依据专业化分工和协作关系建立起来的区域性产业集聚体。一般意义上的动漫产业集群包括动漫产业链上的五大主体——动画漫画题材原创主体、动画漫画制作主体、动画漫画传播主体、动画漫画相关服务主体和其他延伸主体。动漫产业园区是发展动漫产业集群的最好方式和载体。

2006年以来,陕西省从政策上高度重视动漫产业的发展,成立了陕西省扶持动漫产业发展联席会议办公室,政府相关厅局是联席会议成员;2010年4月,碑林科技产业园中的"陕西动漫产业平台"批准挂牌,成为西安市六个创新型聚集区之一——动漫产业聚集区,2012年荣获全国首批、西北唯一的"国家级创业孵化示范基地"称号。该平台项目涵盖了定格、二维、三维影视动画制作,3D技术的开发与应用,游戏开发,多媒体展示,动画教育、实训,动漫展会展览策划,基于3G的增值服务运营等多元化产业内容,已初步形成产业聚集。西安市政府将动漫产业集群化列入了《"十二五"文化体制改革和发展规划》,要求充分发挥西安市高新区、碑林动漫产业园区等专业园区聚集效应,重点发展影视动漫业、游戏软件业、新兴文化产业等,建设陕西动漫创意基地;扶持一批动漫企业,重点发展游戏动漫产品原创研发、产品开发、美术加工、制作和运营,打造有影响力的动漫产品,形成动漫产业发展集群化;创建陕西动漫创意产业基地,依托西安动漫创意集聚优势。

从理论层面看,国内对于动漫产业集群竞争力的研究很少,已有的研究基本属于文献综述,或把传统的产业集群理论移植到动漫产业上来,理论价值匮乏。已有的关于文化产业集群或者集聚区竞争力的研究在对各个指标进行评价的过程中,主观性比较强,可信性较差,提出的政策建议可行性和针对性较弱。本章将对产业集群竞争力的经济机理进行系统分析,然后借鉴层次分析法思想,结合产业集聚理论和动漫产业集群的特点,构建评价动漫产业集群竞争力指标评价体系,对拟评价的5个样本基地和国际国内标杆提供翔实的数据,供产业集群研究专家、文化产业研究工作者、动漫基地政府官员、动漫企业家和从业者以及文化产业投资者进行评价,全面分析动漫产业集群竞争力。先使用粗糙集理论处理指标,然后使用方法进行仿真抽样分析,这样得出的结论更具可信性和客观性,提出的政策建议也更有针对性。

近年来,受益于地方政府政策优惠和动漫企业之间自发的交互联系,我国各地的动漫产业基地得到迅速发展,规模不断扩大,基地数量也在不断增加。但是,目前我国动漫基地存在过多过滥、一哄而上、重复建设、资源浪费等突出问题。政府、企业对于动漫产业基地建设和动漫产业集群发展的研究尚显不足。从各地促进动漫产业发展的政策来看,税收等优惠政策大致相同,各地争相吸引知名企业入驻,地方政府和学术界对于如何提升动漫产业集群竞争力从而更好地发展动漫产业的研究较少,导致相关政策措施的针对性并不强。

3.1.2 产业集群竞争力的内涵

(1)因素观点

波特首先对产业集群竞争力问题进行了理论研究,提出了钻石模型。波特认为,如果将一个集群看作一个整体,其竞争力取决于四个相互关联的因素:①企业战略、结构和竞争者;②需求状况;③相关的支持产业;④要素状况,包括气候条件、劳动力供给和技术供应、薪资水平及生活费用、税收、研究机构、政府支持等方面。波特认为正是这四个因素的相互作用,才形成了产业集群竞争力。李勇等认为集群的组成结构与战略定位、根植性、创新能力、对环境变化的适应性以及集群内的文化、制度特征都是影响其竞争力的重要因素。朱方伟等提出了从传统产业集群到高技术产业集群的发展是围绕生产要素而演进的规律,认为传统产业集群形成的核心要素是低层次的、基于资源禀赋的基本生产要素,只具有静态比较优势;而高技术产业集群形成的核心要素是高层次的、基于知识集聚的高级生产要素,具有强劲的动态竞争优势。"因素观"强调集群竞争力是以各个影响因素的质量为导向的,认为各因素的质量水平决定了产业集群竞争力的强弱。

(2)结构观点

产业集群竞争力结构观点分为横向结构观点和纵向结构观点。横向观点主要强调的是企业之间的横向网络内的竞争合作关系。持有这种观点的学者认为,集群内企业间存在生产、市场、技术、采购、基础设施等方面的关联,同时存在基于声誉、友谊、相互依存和利他行为的竞合关系,因此产业集群是拥有经济属性、社会属性和自学习属性的网络组织;产业集群内功能差异化程度和网络密度以及网络凝聚力、网络集中、网络基础设施质量等构成了产业集群竞争力。而纵向结构观点则认为,产业集群竞争力是集群内三个层面竞争力的综合:①企业层面的竞争力来源于所有企业及其之间的关系作用;②集群层面源自于集群的组织管理、联合行动、相互信任、经济外部性等作用;③国家层面来自于集群所能利用的宏观经济、政府支持行为、政策体系等作用。更进一步地,Stamer(2003)将产业集群竞争力扩展为四个层次:微观层次、中观层次、宏观层次和兆观层次,前三个层次与上述分析相似,而兆观层次的竞争力主要表现在集群面对全球竞争的区域品牌、应对外部竞争等方面。集群纵向结构的层次性为横向结构提供了整体演进路径。结构观点强调产业集群的竞合关系导向,认为产业集群竞争力是由内到外、由低级到高级变化的动态过程。

(3)能力观点

Lynn & Fulvia(2000)认为,产业集群竞争力主要体现为集群的创新能力。Pekka(2004)强调从集群提高生产率和创新绩效、发挥正的专业化效应、推动正的外部性和知识溢出、增强企业间协同作用、占有全球市场份额等五个方面的能力来理解产业集群竞争力。张辉(2003)认为产业集群竞争力就是两种能力:一是学习效用和区域资源利用能力,二是对不利于集群发展的多种因素的经济规避能力。能力观点强调产业集群的功能导向,认为产业集群竞争力在于强化集群与环境的关系,引导内部资源的合理配置和高效利用,优化集群的整体绩效。

刘恒江、陈继祥(2004)综合了上述观点,认为产业集群竞争力是以产业集群的各种资产要素包括企业、资源、基础设施和技术条件等为基础,以企业间的动态网络关系及其层次性递进为运行方式,具有对环境的利用能力和规避能力,在市场竞争中能为产业集群的整体绩效带来实质性功效的强劲竞争优势;产业集群竞争力是一种竞争优势,包括产业集群竞争力的"因素""结构"和"能力"三个属性,产业集群最根本的竞争力在于其持续竞争优势。

3.1.3 产业集群竞争力的经济机理

在经济学领域,从亚当·斯密的分工理论、韦伯的区位理论、马歇尔的产业区理论、佩鲁的增长极理论、波特的集群学派,到新产业区学派等,在分析集群的形成和发展动因的同时,也都探索了集群竞争优势产生和积累的过程。魏守华(2002)分析了产业集群动力机制及其对产业集群竞争力的影响,他的总结和阐述比较详尽。Stoper通过实证研究,发现产业集群内企业的高效竞争与合作关系,形成了实行专业化分工的生产协作网络,具有极强的内生优势。Stamer认为,产业集群可营造区域合作的创新环境,知识和技术要素涌现出独特的区域创新能力,从而成为集群竞争优势的主要来源。Barkley & Henry(2011)系统总结了产业集群竞争力的来源过程:产业集群可带来外部经济(包括外部规模经济和外部范围经济)、分享公共基础设施和专业技术劳动力资源、节约生产成本、促进企业之间的分工和生产灵活性、建立信任关系和保障这种信任关系的社会制度、积累社会资本、降低交易费用、促进专业知识的传播和创新扩散以及隐含经验类知识的交流等。魏守华构造了产业集群竞争力的来源机制,并通过实例进行了论证:低成本优势和区位品牌优势来源于外部经济机制的作用,价值链分工和市场议价优势来源于合作机制的作用,技术垄断和产品技术差异化优势来源于技术创新和扩散机制的作用;另外,产业集群的竞争优势还来源于集群文化机制(或制度)的作用。张辉(2003)从正反两方面论证了产业集群竞争力的内在经济机理:一方面集群内企业提高学习效用和区域资源利用能力增强正面竞争能力,另一方面集群企业对于行业的"柠檬市场现象"和负外部性具有较高的经济规避能力。

3.1.4 产业集群竞争力评价

国内外学者对于产业集群竞争力评价的研究主要有两个方面:一是从规范角度来解析集群的竞争优势;二是实证分析,通过构建产业集群竞争力评价模型,收集产业集群各方面的统计数据来进行定量分析。产业集群是一个复杂的社会经济系统,其规模大、结构复杂、影响因素多,评价产业集群竞争力应当把规范性分析与定量演算结合起来。

(1)定性评价

产业集群竞争力的定性评价主要集中于分析产业集群竞争力的各个影响因素,综合评价这些因素及其相互作用关系的质量水平,从而得到某个产业集群竞争力的总体概况。波特最早从规范的角度来分析产业集群竞争力,他构建了产业集群竞争力影响因素的钻石模型,开创了产业集群竞争力评价的基础性工作,并得到了普遍的应用。Feser则考虑了产业集群竞争力的诸多动态影响因素,从生命周期(时间)、地理(空间)和关联关系等三个维度来分析和评价产业集群竞争力。Mitra认为产业集群具有地域范围、密度、宽度、深度、活动、跨度、领导能力、发展阶段、技术、创新能力和产权结构等属性,综合这11个方面的能力表现,就可评判产业集群的竞争力状况。定性评价的特点是主观性较强,所得到的结果也比较模糊,一般难以对产业集群竞争力的强弱给出明确定论。

国内学者也对产业集群竞争力定性评价进行了相关研究。2007年,王婉珍对网络、嵌入性与产业集群竞争力的关系进行了系统的探讨,从资源互补、成本节约、增强弹性专精能力、促进创新等方面阐述了产业集群网络嵌入性对提升集群竞争力的正面效应,并针对福建省产业集群网络嵌入性方面存在的问题,提出了培育福建省产业集群网络嵌入性之对策建议。2008年,颜炳祥、任荣明、杨中华基于层次观点从汽车产业集群竞争力构成要素、竞争力形成机制要素和竞争力外部影响要素三个方面构建汽车产业集群竞争力评价模型,并以长三角地区汽车产业集群作为对象,对其竞争力进行具体分析。

(2)定量评价

1)基础(Groundings)-企业(Enterprises)-市场(Markets)模型,简称

GEM 模型。1998 年,Padmore & Gison 在波特钻石模型的基础上,建立了产业集群竞争力评价的 GEM 模型。该模型采用一种系统方法来评估产业集群的优势和劣势,它的方便性在于能把握集群的关键症状,并提供解决这些症状的分析框架。此后,这一方法得到不断的运用和扩展。2007 年,刘友金在解析 GEM 模型的基础上,通过对产业集群竞争力本质特征的分析,从创新网络的视角提出了一种以 GEM 模型为母体架构的评价产业集群竞争力的改进模型——GEMN 模型,具有很强的理论意义。

2)基于结构、网络和系统结构的分析。2003 年,郑海天、盛军锋基于结构观点构建产业集群竞争力的宏观模型,并对广东省产业集群竞争力进行分析,相应地提出了提高广东省产业集群竞争力的政策。2005 年,郭曦、郝蕾将集群竞争力的影响因素归结为外围层、嵌入层、网络层、节点层四个层面,基于国家级经济开发区的统计数据,在以上框架内通过计量模型评价各因素对竞争力的影响程度,并验证层次框架构造的合理性。2006 年,蒋录全、吴瑞明等从系统科学理论出发,基于"从影响主体确定到系统结构分解"的竞争力评价体系设计方法,认为集群竞争力的直接影响主体主要是政府、企业和中介机构,其他外部作用力量,比如外部竞争对手、外部投资者、外部客户等都是通过这三种主体对集群发挥作用的。2009 年,李文博提出基于网络分析法的产业集群竞争力评价体系,较好地体现了评价体系中各维度指标之间的相互影响、相互作用,他给出了一个应用实例,并验证了评价体系的有效性。

3)基于组合赋权法的分析。2005 年,肖家祥、黎志成首先分析总结产业集群竞争力的评价指标体系,然后给出基于组合赋权法的产业集群竞争力评价模型,最后用该模型对武汉东湖光电子信息产业集群的竞争力进行了评价。2006 年,彭丽粉用组合赋权法对郑州高新技术产业集群竞争力进行分析,并提出了提高产业集群竞争力的政策建议。

4)基于投入产出法的分析。美国当代著名经济学家沃西里·里昂惕提出的投入产出法在产业集群竞争力评价方面的应用比较广泛。美国哈佛大学战略与竞争力研究所在波特产业集群竞争力理论的基础上,发起了"集群分布测定项目",应用现代统计学方法和工具,对美国各州产业集群进行了详细的统计分析,利用产业集群内的规模、劳动生产率、集群出口额、集群收入、经济贡献率、员工雇用总量、员工增长率、平均工资、人均专利数和创造就业等方面的统计指标来比较不同集群的竞争实力。我国当前产业集群统计数据相对不完善,投入产出方法运用的较少,欧美国家使用较多。

3.2 国内外动漫产业集群发展现状分析

3.2.1 国内动漫产业集群发展概况

我国动漫产业长期以来依赖于电视动画,目前我国电视动漫产业虽然在量上有了很大的突破,但是质量的普遍低下,导致原创动漫并不被消费者所认可。在政策调控和市场杠杆的双重引导下,2014年全国制作完成的国产电视动画片共138 579分钟(折合约2 310小时),同比下降32.31%,由数量增长转向质量提升的趋势十分明显。未来随着节目库累积数量的增加和动画频道拓展空间有限的矛盾进一步加剧,由产量向质量转变将成为我国电视动画行业在结构调整和发展过程中的必然现象。

随着电视媒体趋于垄断和电影市场日益成熟,越来越多的动画企业开始投资生产制作动画电影。2014年,我国国产动画电影票房持续走高。国产动画电影2014年的总票房已经超过11亿元,全年有约30部国产动画电影上映,年度总票房比2013年的逾6.6亿元翻一番,其中票房超过5 000万以上的国产动画电影达7部,相比2013年5部的产量和2010—2012年每年只有1部超过5 000万票房收入的情形,观众对国产动画的整体认可程度不断走高。2015年《大圣归来》(票房9亿元)、《熊出没》(票房2.95亿元)的高票房昭示着未来国产动画电影将走向一个新高度。

目前,东部省市和中心城市已成为我国发展动漫产业的主要集聚地。从国产电视动画片制作发行情况来看,2012年只有海南、贵州、甘肃、青海、西藏五省没有生产制作电视动画片。近五年来,全国十大省市和中央直属机构合计电视动画片产量占全国总产量的90%以上,江苏、广东、福建等省持续保持增长势头,安徽等省增长幅度较大,浙江、辽宁等省处于不稳定的增长状态,北京等省市相对波动但变化不大,湖南、上海等省市则呈现明显的下降趋势。

从城市竞争格局来看,只有广州等少数城市保持较好的增长态势,苏州、宁波、福州等城市近几年来发展较快,而长沙、杭州、无锡、深圳、沈阳等城市在几年快速扩张之后呈现明显的"高台跳水式"下降趋势。从产业基地格局来看,在现有的24个国家动画产业基地中,除了南方动画节目联合制作中心、苏州工业园区动漫产业园之外,绝大多数基地无论是在制作数量还是市场份额方面,都呈现出下降趋势。值得注意的是,近三年来新增加了福州动漫产业基地、天津滨海新区国家影视网络动漫实验园、黑龙江动漫产业发展基地、张家港(动漫)产业园、昆山软件园五个基地,减少了三辰卡通集团一个基地,长影集团有限责任公司、中国电影集团公司等多年来持续零产量的国企仍然在列。

国内主要的动漫产业集群是以区域集群带的形式出现的,其分布基本上与我国城市产业带相吻合,主要集中在长三角、珠三角和环渤海(含北京)三大区域城市群,以及两湖城市群、西南城市群、东北城市群和西北城市群。长三角动漫产业集群带(浙江、江苏、上海)的代表城市是上海、杭州、苏州、无锡、常州、南京;珠三角动漫产业集群带(广东)的代表城市是广州和深圳;环渤海动漫产业集群带(北京、天津、河北)的代表城市是北京和天津;两湖动漫产业集群带(湖南、湖北)的代表城市是武汉和长沙;西南动漫产业集群带(四川、重庆、云南)的代表城市是成都和重庆;东北动漫产业集群带(吉林、辽宁、黑龙江)的代表城市是沈阳、长春、大连和哈尔滨;西北动漫产业集群带(陕西)的代表城市是西安。

3.2.2 国内动漫产业集群发展的主要模式

我国动漫产业的发展表现出了极强的地域特征,各地都将动漫产业的发展作为振兴地方经济新的增长点,形成了不同的发展模式。

(1)产业原生型发展模式

动漫产业集群成长初期,生产力要素按照市场运作的自发配置,政府在其中尚未有意为之,也没有特定的产业政策导向和具体的产业规划部署。

(2)政府引领型发展模式

随着动漫产业集群的发展,政府作为社会资源的拥有者和分配者,将引领、扶持产业发展作为其自身的主要行为方式,以强有力的政策导向与雄厚的资金扶持运行。换言之,动漫产业集群的发展是政府自上而下推动的,在产业定位、规划制定、机构设置、政策扶持、资金扶持、环境优化、管理服务、文化提升、人才培养和设施保障上给予扶持。

(3)市场主导型发展模式

动漫产业集群发展相对成熟以后,市场机制发挥主导作用,动漫产业的资源配置完全由市场因素决定,产业集群融入市场经济的整体之中,集群成长依赖市场与产业之间互动的方式加以实现。政策的作用只限于服务和公共管理等外部环境的打造上,政府行为的着力点集中在收集行业信息、促进产业升级和拓展集群发展空间、为实现产业集群不断优化和升级服务等方面。

(4)混合治理型发展模式

兼有市场和政府的引导功能,实行市场和政府联动,按照市场规律进行产业生存自我调节的同时,注重发挥政府在产业发展中的服务作用,政府的功能在于注重打造适合于产业集群发展的环境,政府对产业发展实行管理并非是领导而是调控。政府只是作为动漫企业之间的联系平台和调节人,其作用更多的是通过行业管理组织进行的。在发展初期,政府主要是搭建孵化平台,扮演政策扶持者的角色;在成长期,政府主要是搭建交流合作平台,扮演环境支持者的角色;在成熟期,政府搭建公共服务平台,扮演积极的无为者角色。

目前,我国动漫产业发展的主导模式是混合治理型发展模式,政府和市场都在动漫产业集群的发展中起作用。我国政府在动漫产业集群发展中的一个典型方式是建设动漫产业基地,无论是中央政府还是地方政府,先后都建设了一批动漫产业基地,以期通过动漫产业基地的建设和发展来推动动漫产业和动漫产业集群的发展壮大。据统计,截至2007年底,全国共有72家动漫产业发展基地,其中国家级基地有44家,分别由国家广电总局、文化部、新闻出版总署、科技部、教育部、信息产业部等六部门发牌;地方级动漫基地共28家,分别由该地政府、地方企业或地方学校设立。《2016—2022年中国文化市场运营态势及战略咨询报告》指出:2014年,尽管我国动漫产业产值连年增长,北京发展势头较好,但长沙、杭州、无锡、深圳等地呈现"高台跳水式"下降趋势,加剧了动漫行业的重新洗牌。2018年国家广电总局又批准设立了20个国家动画产业基地,8个国家动画教学研究基地;文化部设立了8个国家动漫游戏产业振兴基地;新闻出版总署规划了11个国家级动漫创意产业基地,包括4个国家网络游戏动漫产业发展基地和7个国家动漫产业发展基地。

3.2.3 美国、日本、韩国动漫产业链及其盈利模式

21世纪是世界继续融合的重要发展时期,一切事物的发展都朝着十分广阔的世界市场进发。之前相对独立的区域艺术风格也经受着日益苛刻的区域外市场的检验,生存下去的唯一途径便是在保持核心要素不变的情况下,最大限度地向全球主流的审美趋势靠拢。动画影片作为精神娱乐的消费品,在此方面呈现得尤其明显。说到动漫产业的主流审美趋势,就不得不提美国、日本和韩国的动漫产业。

(1)迪士尼公司

迪士尼公司是美国动漫产业中最具有代表性的公司,由最初单一涉猎二维动画影片的制作、生产,发展到集广播、动画、电影和娱乐活动等产业,涵盖电影与电视、音乐、主题公园、度假酒店、玩具、儿童书籍等的经营,拥有 18 万名员工的世界上第二大娱乐产业帝国。迄今为止,迪士尼已经创作了诸如米老鼠、小熊维尼、花木兰、灰姑娘、睡公主、美人鱼、白雪公主等许多个令全世界都印象深刻的卡通人物形象。

迪士尼公司积极利用外延并购和合作的方式扩展产业链条,调整产业结构。从 1990 年开始,迪士尼开启了自己的并购模式,通过收购 ABC、ESPN 丰富了自身影视发行和传播渠道,皮克斯工作室和漫威的并购壮大了动画创意业务,而与全球顶级玩具制造商孩宝的合作开发更是为其泛娱乐版图中玩具这一模块打下了坚实基础。

2014 年,迪士尼公司的总营业额是 490 亿美元,同比增长 8.37%,其中主题公园的营业额有 150 亿美元,占总营业额的 31%,媒体网络占 43%,消费品占 8%,而基本层面的影视娱乐仅占 15%。

可以发现,迪士尼公司是个典型的"品牌乘数"企业,即迪士尼用品牌做乘数,在后面乘以各种经营手段以获得最大的利润。

第一轮:迪士尼公司不断推出制作精美的动画影视作品,每一部作品推出后都大力宣传去打票房,观众错过了档期还可以通过购买影片的 DVD 音像制品来观看。

第二轮:主题公园。每放映一部动画影视作品就在主题公园中增加一个新的人物,在电影和主题公园共同营造出的氛围中,让游客高高兴兴地去参观主题公园。

第三轮:将动画人物形象授权给衍生品制造商,让他们制作各种各样的玩具、手表、服饰等衍生品,通过沃尔玛、孩儿之家等销售网络在美国本土和全球各地销售品牌产品。

值得国产动画学习的地方主要有以下两方面。

第一,注重创新。迪士尼公司一直坚持高新技术打天下的经营原则,从第一部采用有声电影技术打造的米老鼠系列电影《蒸汽船威利》(1928),到第一部全彩动画电影《三只小猪》(1933),再到首次运用多层次摄制法拍摄而成的《木偶奇遇记》(1940),再到第一部真人动画《南方之歌》(1946)的上映,再到第一部全三维卡通电影《玩具总动员》(1995)的诞生,始终站在技术创新的最前沿。

第二,品牌强化战略。品牌的强化是指在品牌形成后,通过一系列措施使其产生的效应得到进一步的深化和拓展,使品牌在消费者心目中的地位得到不断的加强。迪士尼公司的诸多重要品牌形象,如米老鼠、唐老鸭、高飞、狮子王辛巴、杰克船长等,都有属于自己的电影系列。这些系列电影虽然故事情节不尽相同,但表现的主题往往都是第一部的延续,电影风格更是大同小异。因此,拍摄这种系列电影,除了第一集需要投入较多资源外,后面的续集由于思路固定、编剧压力较小、道具布景现成等诸多原因,通常成本都会大幅降低。但因为第一集业已树立良好的品牌,消费群体已经形成,续集在强化和提高了品牌知名度之余,反而能够获得更大的效益。

(2) 日本动漫产生发展

年均营业额230万亿日元的动漫产业已成为日本的经济支柱。目前,全世界60%的动漫作品来自日本,动漫产业占日本GDP的比重超过10%,已成为日本第三大产业。

日本动漫产业之所以能够获得巨大的经济利益,最重要的原因在于动漫自身形成了漫画出版—动画制作播出—版权授权—衍生品生产及销售—部分动漫作品外销授权—成功动漫产品的深度开发及新动漫产品开发的良性再循环的产业链,衔接良好的产业链形成了效益递进的良性循环模式。

值得国产动画学习的地方主要有以下两方面。

第一,强大的漫画体系。日本整个动漫产业链都是建立在庞大的漫画业上的,日本动画有着以漫画为底蕴的特殊一环,庞大的漫画创作经过市场层层筛选源源不断地为下游的动画片提供精良的创作内容,从而减少了动画片制作的高资金投入、偏离市场口味的风险,进而减少了各种资源的浪费。

第二,分工明确。日本动漫产业链条形成了分工合作的模式,漫画工作室、动画工作室、版权代理事务所、印刷出版企业、图书发行企业、电视台、杂志社、动漫衍生品生产和销售渠道等都形成了界限分明的合作机制。日本更注重眼前的经济效益、市场互动和快速回收,以尽可能小的投资、尽可能少的人力,同时获得尽可能快的制作和尽可能多的收益。除了东映动画之外,日本的动漫制作公司基本上都是小作坊式的公司,各产业环节的公司在其专业分工领域精耕细作,共同创造了繁荣的日本动漫市场。

(3) 韩国动漫产业发展

韩国的动漫产业飞速发展,已成为继美、日之后世界动漫业的一颗新星。韩国动漫产业是以政策为主要推动力的发展模式。韩国动漫是从 1957 年的《快乐牙膏》开始起步的,此后的 10 年间,韩国动漫通过动画广告积累制作技术。同一时期,申东宪的《真露烧酒》创作成功,促成韩国剧场版动画长片的诞生。然而,20 世纪 70 年代初期,在电视广泛普及的影响下,韩国的动画长片在一段时间内并未取得很大的发展。直到 20 世纪 80 年代,韩国动画长片开始复兴,这一时期也是开创电视动画的非常重要的时期。韩国文化开发中心为了培养拥有国际化视野的人才,选派有前途的人才去往动漫发达的国家去研修学习,注重人才的引进,加强动漫产业强国的人才合作交流,使韩国的动漫产业在世界文化产业的发展上遥遥领先。在税收方面,韩国政府把动漫产业划分到制造业,使动画创作人员的税收节省了 20% 以上,极大地提高了动画创作人员的积极性,并提供低息贷款以鼓励制片商投资。在技术方面,注重学习和借鉴动漫强国的成功经验,结合本国传统文化和自身的发展特点不断创新。韩国政府通过向动漫强国购买或者自行研制开发引擎,经过研究使引擎改进成为通用化的模式,国内的动漫企业能以相对低廉的价格购买到通用化的引擎,这使韩国动漫产业的发展有了强有力的技术支持。在资金投入上,形成了从民间到政府全方位的融资渠道;在技术上,十分注意学习与借鉴日本、美国等的成功经验,并不断地推陈出新,做到与其他产业尤其是 IT 产业的优势共赢,迅速从单方面的二维制作拓展到包括二、三维结合和三维的全方位领域。

纵观全球各大动漫产业强国的发展历程,我们不难看出,动漫产业的发展首先要与本国的基本国情相匹配。其次,要想保障动漫产业健康茁壮地发展,必须满足三个条件,即轻松包容的社会氛围、卓越的创新能力和内容,以及拥有极强的衍生产品商业化的能力。

3.3 动漫产业集群竞争力影响因素分析

动漫产业集群竞争力是以动漫产业集群内的各种资产要素包括企业、资源、基础设施和技术条件等为基础,以动漫企业间的动态网络关系及其层次性递进为运行方式,具有对外部环境的利用能力和规避能力,在市场竞争中能为动漫产业集群的整体绩效带来实质性功效的强劲竞争优势。

3.3.1 动漫产业集群竞争力企业层影响因素

动漫企业竞争力对动漫产业集群竞争力有直接影响,动漫企业是动漫产业集群的基本构成单元,一般来说,动漫产业集群内企业的所有微观因素都可归结为该层面。首先,动漫企业灵活专业的分工是动漫产业集群保持高效率的基石。中小动漫企业通过参与集群内的专业化分工实现组合型外部规模经济,很好地弥补了自身的规模缺陷,从而实现企业竞争力的提升。其次,动漫产业集群内的企业拥有独特的竞争合作机制,起到提升集群生产率和刺激创新的作用。再次,集聚经济效应可以用来解释动漫产业集群的成本节约优势及区域品牌优势。动漫企业在地域上的集中导致社会分工深化,劳动生产率提高,企业间的联系加强,地方网络形成和根植性得以强化,共同使用公共设施和服务,减少分散布局所需的额外投资,并利用地理接近性而节省企业相互间的物质和信息的传输费用,从而降低了生产成本,最终实现马歇尔外部经济效益。通过这些机制的作用,动漫企业的竞争力得以提升,动漫产业集群竞争力也得到增强。

动漫产业集群竞争力企业层影响因素包括以下4种。

(1)企业规模

地区经济的竞争力与企业平均规模之间的关系是一个有争议的问题,相关研究形成了两个分析框架:一是以企业群体的规模经济为基础,利用超边际分析方法,分析企业群体市场机制的优势,预言竞争力的提高与企业规模无关;二是以单个企业的规模报酬为基础,使用边际分析方法,利用企业组织的优势,说明经济竞争力的提高伴随着企业规模的扩大。笔者在分析动漫企业竞争力与动漫产业集群竞争力相互关系时借鉴后者的研究结论,认为动漫企业规模的不断扩大会提升地区经济的竞争力。

动漫企业规模的扩大,使得动漫企业能够获取规模经济优势。单个动漫企业规模报酬递增预示着企业规模越大,生产效率就越高,动漫企业平均生产成本降低,动漫集群内资源能够得到更好的优化配置,资源使用效率得到提高,动漫的制作成本降低。借鉴新古典经济学基于单个企业规模报酬递增效应与经济整体竞争力的提高伴随着企业平均规模的扩大的研究方法,笔者认为动漫企业规模的扩大将会对动漫产业集群竞争力的提升起积极作用。

(2)企业绩效

企业绩效是影响产业集群竞争力的重要因素之一。集群内企业绩效是指在一定时间内创造社会财富的效率。竞争优势可以描述为"企业获取超出资本成本的平均投资收益率的能力",企业竞争力可以用企业投资项目的内部收益率或者长期平均的净资产收益率来衡量。金培认为"企业竞争力是指在竞争性市场中,一个企业所具有的能够持续地比其他企业更有效地向市场消费者,包括生产性消费者提供产品或服务,并获得盈利和自身发展的综合素质"。可见,企业绩效是衡量企业竞争力的重要指标。

企业绩效是产业集群竞争力的重要体现。产业经济理论认为市场垄断将导致较低的市场绩效,但可能使得企业获得较高的利润,即垄断可以产生更多的垄断利润。在市场垄断的情况下,企业经营绩效不能表明企业一定具有较强的竞争力。然而,在竞争性的市场结构中,企业盈利能力可反映出企业的竞争力。目前,我国动漫产业市场结构总体上是竞争性市场,诸多中小动漫企业、动画工作室分布于各类创意园区、高科技产业基地等,动漫企业间相互竞争市场份额,在这种情形下,企业绩效可以反映动漫产业集群竞争力。

(3)企业创新能力

Lynn & Fulvia 认为,产业集群竞争力就是集群的能力,主要体现为集群的创新能力。创新是产业集群不断发展的动力,也是产业集群升级的动力源泉。动漫产业高度依赖作品创意和技术创新,企业创新能力是动漫产业集群创新能力提升的主体。

动漫产业集群化发展有利于企业创意创新行为的发生。首先,动漫产业集群有利于知识的积累与学习的加强。动漫产业集群内微观企业间的竞争压力不断鞭策着企业进行创新。其次,动漫产业集群有利于知识和技术的传播与扩散。动漫产业集群内由于空间的接近性和共同的产业文化背景,不但可以加强编码化知识的传播与扩散,更重要的是可以加强非编码化知识的传播与扩散,并通过非编码化知识的快速流动进一步促进编码化知识的流动与扩散。再者,动漫产业集群有利于降低创新风险。动漫产业的集聚效应和外部效应使企业容易发现创作新的动漫作品所需的基本要素,例如动漫集群内的软硬件设备提供商更加完备、营销团队更加成熟;动漫原创人员可以紧密地参与创新各过程,经常与下游动漫产品生产商联系,确保与客户的需求相一致;多方合作参与创新,既降低了创新和创意商业化的风险,又提高了创新的成功率。

(4)企业风险规避能力

动漫产业属于文化产业,动漫产业具有高投入、高风险的行业特性,企业的风险规避能力是动漫产业集群竞争力的重要影响因素。动漫集群企业扎堆经营存在很大的经营风险,具体表现为产品市场风险、企业经营风险和集群系统风险。产品市场风险是指动漫产品在推向市场以后存在市场认可的风险,另外，动漫产品在内容和题材上面临政府管制，很多动漫产品在推出以后，并不受消费者欢迎，或者被政府部分禁止推向市场。企业经营风险是指动漫企业自身经营存在的风险和问题，包括财务风险、人力资源风险等。集群系统风险，是指动漫集群作为一个整体面临的风险。借鉴张辉的研究，动漫产业集群面临的风险包括柠檬市场现象、集群负外部性和集群无效率等负面风险。动漫产业集群内企业良好的风险规避能力将有助于动漫作品的市场推广、企业运营有序进行，同时能够规避集群系统风险。良好的风险规避能力能够增强动漫企业的竞争力，也有助于提升动漫产业集群的竞争力。

3.3.2 动漫产业集群竞争力集群网络层影响因素

动漫产业集群本身就是在空间聚集的动漫企业之间通过价值链产生的网络。具体而言，动漫产业集群网络是集群内动漫企业专业化生产自身有竞争优势的产品或者动漫价值链的某一环节而形成的相互联系的模块化生产网络，是动漫集群内与动漫价值和动漫文化相关联的社会资本网络，是动漫集群内企业、中介机构、大学及科研机构和地方政府等行为主体构成的知识流动网络。动漫产业集群网络层是整个集群所有资源得以在集群中扩散的物质载体。动漫产业集群之所以具有竞争力，正是由于整个集群以动漫企业间模块化生产网络、社会资本网络和知识流动网络为载体进行技术创新、管理创新和制度创新，通过一系列价值链活动使得技术、资金、人力、社会资本和知识等资源在动漫产业集群内部溢出性增加，降低集群内企业间生产成本、信息搜索成本和交易成本，增强动漫集群竞争力。

动漫产业集群竞争力集群网络层影响因素包括以下4种。

(1)集群基础设施建设

基础设施建设是动漫产业集群竞争力的一个重要影响因素。基础设施是动漫产业集群发展的物质载体。动漫产业集群的发展需要地理空间、公共服务设施，动漫企业更需要生产空间。一般而言，基础设施投入大、建设完善、公共服务平台建设良好的动漫产业集群生产网络运作更加良好，网络竞争优势相对明显，这也为动漫企业的发展提供更多的便利。经济学研究也表明，基础设施投入与地区经济发展是存在正相关关系的。

(2)集群内中介机构

动漫产业集群内中介机构主要包括动漫协会、动漫会展和漫画培训机构及高等院校等，这些中介机构和动漫企业一起组成了社会网络和知识网络，中介机构的完善将为动漫产业集群的发展壮大提供高素质的劳动力、行业信息咨询等帮助。

动漫协会的建设有助于开展多方位的动漫学术交流,开展有关动漫行业资料的调查、搜集和整理工作,传递最新行业动态和市场信息,开展业务咨询,交流管理经验,加强与国内外同行业的联系,承担政府主管部门及其他社会团体或会员单位委托事项,编辑出版刊物、资料,开展其他有益于动漫发展的各项活动。目前,我国动漫协会发展很快,各地基本上都建立了自己的动漫游戏协会,与本地动漫企业共同发展。

动漫会展活动的开展有助于动漫企业在形象设计、动漫画制作、音像图书发行、新技术应用、衍生品开发、产业链环节上的交流合作,同时推动创作、培育原创动漫,促进中外动漫文化交流。中国国际动漫节是我国级别最高的动漫会展活动,已经成功举办15届。2019年在杭州举办的第15届中国国际动漫节共吸引86个国家和地区参与,有2 645家中外企业机构、5 778名客商展商和专业人士参展参会。动漫节期间有143.6万人次参加各项活动,参与人数创新高。据主办方初步统计,此次动漫节实际成交及达成签约交易、意向合作项目共1 368项,涉及金额139.84亿元。此外,动漫节期间消费金额达25.2亿元。第15届中国国际动漫节的成功举办,不仅促进了浙江动漫产业的发展,也为我国动漫产业的发展提供了诸多帮助。

动漫培训机构和高等院校为动漫产业集群的发展提供人才保障。马歇尔认为,集群经济的发展将带来外部专业化劳动力市场的发展。动漫培训机构和高等院校正是由于动漫产业的快速发展对动漫画制作人才的大量需求而发展起来的,为这一专业化的劳动力市场的形成和不断发展提供了大量动漫画专业人才。随着我国动漫产业基地和集群的发展,围绕在动漫基地周围的动漫培训机构也得到了快速发展,基地所在省市的高等院校应当地社会需求,纷纷开设了动漫制作相关专业,且招生人数不断增加。

(3)集群内企业间竞争与合作

集群内企业间竞争与合作是动漫产业集群网络层运作的基本形态,对于动漫产业集群生产网络的形成和发展有着重要作用。

一方面动漫企业间相互竞争,努力做强自身,提升规模,动漫企业规模的扩大将增加动漫产业集群竞争力。同时,动漫企业间的竞争能够激励企业采用新技术、引进创意人才等,这在一定程度上增强了集群企业创新能力,它们可以在相互竞争中创作出新的优秀作品。

另一方面,处于动漫产业链上下游的动漫企业进行垂直一体化的合作和企业间的横向合作都有助于动漫产业集群网络的形成和发展壮大,尤其是动漫产业集群内企业发挥各自在产业链上的优势,实现动漫企业的协同行动,共享动漫集群资源,这种动漫企业相互发挥各自异质性资源带来的企业能力能够为动漫产业集群整体带来协同效应,促进动漫产业集群竞争能力的提升。另外,多数动漫企业属于中小企业,动漫产业集群内企业间的柔性专业化分工合作将带来集群整体生产效率的提高,以更好地利用外部规模经济优势。

(4)集群网络的开放

在全球化发展的今天,发展动漫产业应该具有开放意识,在产品营销上把握好国际、国内两个市场。同时,学习国外优秀动漫画作品制作模式和动漫产业管理模式,更好地发展我国动漫产业。经济学研究充分证明了开放和贸易会提高社会福利,同时动漫企业可以获取国外先进作品和制作技术的溢出效应。

动漫产业集群网络的开放,有助于吸引优秀动漫企业入驻集群,企业间联系增强,同时集群网络的扩大将会为集群内企业的发展提供更加广阔的空间;有助于集群内动漫企业加强与国内其他集群企业之间的交流,学习国外优秀动漫画企业的制作模式和经营理念,壮大动漫企业。

因此,动漫产业集群网络的开放有助于扩大动漫产业集群的规模,便于动漫企业获取技术溢出效应,前者明显增强了动漫产业集群的竞争力,后者则先提升企业的竞争力,再增加动漫产业集群的竞争力。

3.3.3　动漫产业集群竞争力外围环境层影响因素

动漫产业集群是根植于地方经济的社会生产系统,地方经济社会发展环境对动漫产业集群的发展有着重要的影响。一些学者将这些因素归为要素状况,而另一些学者将其归为国家层面,其中最主要的影响因素是政府及其经济发展政策,其次考虑到动漫产业的特性,地方经济发展水平、自然环境等也会对动漫产业集群的发展产生影响。

(1)集群所在地政府的支持力度

政府的作用主要是公共投入、管理协调和政策引导。政府在动漫产业集群发展中担当重要的角色,尤其是在我国,动漫产业刚刚起步,并且动漫产业集群发展的主要载体是创意园区和高科技产业基地,政府的政策作用就更加明显。同时,县域经济之间的竞争和官员晋升激励也促使地方政府加大对动漫产业集群的支持力度,做强做大动漫产业。政府政策对于动漫产业集群竞争力的提升有着重要的促进作用。

首先,政府为动漫产业集群的发展创造良好的环境条件,包括土地划拨、资金投入、基础设施建设、税收政策优惠等,持续稳健的经济发展、持续稳定的政策环境有利于降低动漫集群交易成本并赋予集群更多的发展机会。

其次,政府参与动漫产业集群管理、制定相关法规制度等,可以有效防止和解决动漫产业集群形成和发展中的市场失灵问题。政府的作用在于寻找制约集群发展的因素,并着手加以改进,协调企业之间的关系并减少冲突,以维护动漫产业集群的稳定发展。

再次,政府提供资金或者联合其他机构提供金融、生产、创新、教育和培训等服务,建设公共服务平台,鼓励建设动漫产业投融资体系,引导动漫企业发展,培育动漫产业集群,加快区域发展。

最后,政府着手制定法律法规以保护动漫知识产权,促进动漫产业健康持续发展,同时,吸引更多的动漫企业入驻本地,壮大动漫产业集群。知识产权尤其是版权、动漫角色商品化权利等是动漫产业发展的保证。

(2)集群所在地的经济发展环境

地方经济发展环境会对动漫产业集群的发展产生很大影响,具体体现在以下几方面。

首先,动漫作品是文化消费品,动漫产业从业人员的意识形态和行为方式可能显得有些"另类",这就要求地方文化比较开放,思想上能够包容这些艺术家和动漫制作者。

其次,地方经济发展水平会影响动漫产业集群的发展。相比于经济发展落后地区,经济发达地区可以提供更多的资金支持。另外,经济发展水平较高地区的居民收入也较高,动漫消费市场相对较大。

再次,地方自然环境尤其是社会环境会对动漫人才的吸引产生较大影响。动漫作品的创作需要安静的、适于思考和创作的环境,良好的自然环境会诱发原创动漫作者的思考,也可以选择作为动漫的背景。

最后,地方旅游业的发展水平也会对动漫产业集群竞争力产生影响。很多动漫作品的销售和动漫主题公园的建设是作为一种旅游资源进行开发的,地方旅游业的发展水平,包括营销策划、广告宣传等会对动漫集群的品牌产生积极影响,提高动漫集群的知名度。

企业层、集群网络层和外围环境层共同构成了动漫产业集群。上述三个层次的影响因素对动漫产业集群的影响是按照从外至内的方向依次传递的。

每个层面的影响因素通过比其更内部的层次发挥作用,外围环境层因素如优惠政策等的优劣决定着能否吸引更多的资金、技术乃至动漫企业的入驻。而资金和技术只有通过良好的集群网络才能够在整个动漫集群中扩散,获得溢出效应。这些最终都会影响集群中的微观主体——动漫企业,也就是企业层。因此,三个层面的影响因素之间有由外至内的传递关系。与此同时,三个层次之间又有由内至外的依赖关系,只有内部动漫企业层面因素发挥作用,外围环境层面的因素才有可能对集群产生正面的影响,整个动漫产业集群才会做出正反馈。动漫产业集群竞争力影响因素的三个层面是相互依赖、相互影响的。

3.4 陕西省动漫产业集群发展现状

陕西省高度重视动漫产业的发展,通过政策上的扶持和经济上的投入,动漫产业取得了一系列成绩。

早在1991年,西安市率先成立了以动漫行业为发展重点的西安碑林科技园。为了进一步促进西安动漫产业的发展,陕西省政府于2006年建立了由12个厅局及相关部门组成的扶持动漫产业发展联席制度。2009年4月,西安市高新区将高科技与三秦文化相融合,规划占地面积500~800亩的动漫产业园区,并将其打造成国家级原创动漫发展基地。西安市"十二五"规划中,提出了实施一批中法文化产业项目,打造具有国际化大都市水准的文化演艺中心、动漫和网络游戏研发制作中心、文化会展中心和古玩艺术品鉴赏交易中心,全面提升西安文化产业发展水平。在相关部门的支持下,西安市高新区管委会为了扶持和保障动漫等产业的发展,在2009年8月出台了《关于促进创意产业发展的扶持政策》。由此可见,西安市政府高度重视动漫产业的发展,在"一带一路"的发展背景下,高度彰显地方精神,发展地方文化。2017年中共陕西省委办公厅、陕西省人民政府办公厅印发《关于进一步加快陕西文化产业发展的若干政策措施》。该文件的基本思路为,紧紧围绕统筹推进"五位一体"总体布局和协调推进"四个全面"战略布局,以贯彻落实培育新动能、构筑新高地、激发新活动、共建新生活、彰显新形象的"五新"战略任务为统领,依托特色文化资源,综合运用文化经济政策,实施项目带动战略,创新投融资体制,完善现代文化市场体系和现代文化产业体系,促进陕西省文化产业发展由资源优势向产业优势、粗放型向集约型、政府主导向市场驱动转变,为坚定文化自信、建设文化强省、决胜全面建成小康社会做出更大贡献。

3.4.1　陕西动漫产业平台建设

陕西动漫产业平台的前身是西安碑林科技产业园。在文化体制改革的大背景下,为了大力发展文化创意产业和软件动漫产业,增加大学生创业、就业,实现碑林科技产业园区产业创新与提升,顺应优化调整产业结构和实现产业升级的政策导向,将动漫及软件服务外包作为产业的重点发展内容,于2008年底正式建立西安碑林动漫产业平台,又于2010年初最终确立了"陕西动漫产业平台"。现在园区已被列为国家服务业综合改革试点城市西安市的六个创新型文化创意产业聚集区之一———动漫产业聚集区。

陕西动漫产业平台是以高新技术为特点、以动漫产业为核心的创业孵化基地。该平台与碑林区人力资源和社会保障局共建大学生创业孵化基地、就业见习基地以来,园内共孵化企业50余家,其中毕业企业近20家、在孵企业30余家,累计孵化项目50余项,有近10家企业通过碑林区人力资源和社会保障部门申报成为西安市大学生就业见习单位,就业帮扶资金投入近百万元。目前,在孵企业从业人数近1 200人,其中大专以上学历人数占从业总人数的98%以上,研究生以上学历人数占从业总人数的5%。一批具有创业意愿的大学生,成功实现了自身的创业理想。

经过近几年的运作,陕西动漫产业平台规模已达上万平方米,入驻企业50余家,已拥有了符合国际化标准的办公场地和配套设施,建立了国内领先的专业服务体系以及强有力的公共技术支撑服务系统。平台项目涵盖了定格、二维、三维影视动画制作,3D技术的开发与应用,游戏开发,多媒体展示,动画教育、实训,动漫展会展览策划,基于3G的增值服务运营等多元化产业内容,已初步形成产业聚集。

2010年,陕西动漫产业平台创办了第一届"中国西安原创动漫大赛",其中不少参赛作品受到了欧洲评委的认可,但是还有一些作品被认为日本风格过于浓厚,期望根植于中国文化传统的原创动漫作品能够越来越多。在2011年德国汉堡国际动漫大赛中,平台内的陕西飞鸟文化发展有限公司的动画作品《太阳神树》以"中国古典神话故事的深刻内涵,中国古壁画独特的艺术风格"夺得了"中国国家奖"。该动画作品根据《山海经》改编,宣传了尊重和爱护生命的理念,受到了国外专家评委的一致好评。

受益于良好的外部环境,动漫产业将迎来历史性的发展机遇,有望带动产业链上、下游等相关产业的蓬勃发展。陕西动漫产业平台应把握机遇,在资源、技术、企业、配套设施等方面不断完善,积极培育市场,成为动漫市场的主力军,成为产业结构调整和升级的重要力量,从而推动西安市乃至陕西省的经济发展。

3.4.2 西安市动漫产业集群"窗口"服务平台建设

西安市动漫产业集群"窗口"服务平台是由西安长风数字文化科技有限公司搭建的,平台拥有动捕棚、渲染农场、录音棚、三维扫描室、三维打印室及审片室,总占地面积2 036平方米。该平台于2011年被文化部认定为"西安国家级动漫公共技术研发服务平台",成为全国13家平台之一。该平台旨在提升西安市动漫公共技术研发服务的水平,同时为中小动漫游戏企业、工作室提供专业的技术服务和技术支持。该平台的建设将增进动漫行业技术交流和推广,增强行业创新能力,提高动漫产业整体水平,有利于促进西安动漫企业的集聚发展。

3.4.3 西安高新区创意动漫产业基地建设

西安高新区创意动漫产业基地位于西安高新区,借助本地的土特产——高科技,与三秦文化融合,依托金融贸易集中发展文化创意产业的号角自2006年就已经吹响。近年来,西安高新区以建设"国家数字出版基地"和"国家文化与科技融合创新示范基地"为突破口,重点发展数字出版、动漫游戏等产业。西安国家数字出版基地、西安互联网文化产业基地等园区平台从图纸中缓缓走来。文化与科技融合,创新与创意齐飞,依托金融贸易,西安高新区着力打造发展新高地,领跑文化创意产业。

兵马俑、明城墙、秦腔、腰鼓、红色文化、信天游、十三朝古都,三秦大地可以说道的实在太多。西安高新区,一个代表西安与西部高新科技产业前沿的领地,在产业结构优化升级中发挥了重要作用,按照"文化、创意、科技"的文化产业发展思路,西安高新区通过采取"整合科技与文化资源、走体制创新之路、坚持产业化道路、营造良好的政策环境"等多项措施,大力扶持文化创意产业的发展。

自2006年起,针对文化创意产业的发展特点和文化创意企业的实际需求,西安高新区相继出台了《西安高新区促进创意产业发展扶持政策》《西安高新区关于轻资产企业融资方案》、"陕西数字青年创业扶持计划"等一套完善的政策服务政策。自政策实施以来,每年约有300多家企业享受政策扶持。这些政策的有效实施为企业提供了良好的投资环境、成长环境、创业创新环境,提高了高新区吸引企业、吸引资金、吸引人才的竞争力。此外,高新区从2012

年起每年还拿出 7 亿元扶持战略性新兴产业发展,积极争取国家政策层面减免所得税、增值税和营业税等税赋支持,以及高新区优秀项目奖励、平台建设、市场拓展和人才培训等专项政策扶持共同支持产业发展。

2012 年,西安高新区被中宣部等五部委批准成为"国家级文化和科技融合示范基地",2011 年国家新闻出版总署批准建立"西安国家数字出版基地",高新区文化创意产业迈上了快速发展之路。

截至 2013 年年末,高新区文化创意产业营业收入超过 800 亿元,连续保持了 40% 的增长速度,文化创意企业累计达 2 069 家,从业人员 5 万多人,汇集了西安近 80% 的以动漫游戏、数字出版、数字影视制作和文化艺术为主要方向的企业,产业聚集化发展态势明显,集群化发展苗头初步显现。

目前,西安高新区文创产业呈现出欣欣向荣的态势。据统计,目前西安高新区有规模以上文化企业 55 家,其中文化服务业 46 家、文化制造业 6 家、文化产品批发零售业 3 家,规模以上文化企业 2018 年实现营收 102.71 亿元(截至 2019 年 4 月)。西安高新区已经认定了 16 个文化创意产业聚集区,主要发展动漫游戏产业、移动互联网产业、广播影视产业、文化艺术产业、数字出版类及广告传媒类产业等,年研发产品实现新增版权超过 8 000 件。西安高新区经过多年的探索,融合科技、资本、时尚等元素,为文创产业发展开拓出了一条全新道路。

3.5　陕西省动漫产业集群发展路径分析

动漫产业作为新兴的朝阳产业,有机地综合了数字科技、艺术设计、商业和出版等多个行业,具有非常广泛的发展前景,被誉为"21 世纪的无烟产业"。动漫产业以其独特的发展特点成为众多国家和地区的主流文化,逐步成为继软件产业之后的支柱产业。虽然我国动漫产业取得了一定的成绩,但我国不同地区文化的多元性和城市发展的不平衡性,致使动漫产业发展具有一定的地域性和差异性。动漫产业的发展应因地制宜,结合不同地区的文化特点,从而最大限度地丰富和促进动漫产业的发展。经济学家霍金斯说,21 世纪的经济时代是一个由资本向创意转变的时代。正如工业的快速发展是资本经济的标志性表现一样,文化创意产业则是创意经济发展的重要表现。文化创意产业的发展,特别是文化创意产业集群竞争力的提高,不仅能创造更多的就业机会,提高人们的消费观和消费理念,还能促进经济的高速发展;反过来,也能进一步带动文化创意产业自身的快速发展,从而实现文化创意产业集群竞争力的提高和持续发展。

打造具有共享性质的题材和品牌,创造围绕特定题材而形成的系列的、持续的多元产品,是陕西省文化产业下一阶段发展要解决的重点。根据以上对动漫产业集群竞争力分析,针对发展过程中出现的问题,可从以下几个角度分析陕西省动漫产业集群发展具体路径。

3.5.1 政府的政策扶持

从2006年开始,国家就开始出台一系列政策文件,从构建国产动画片播映体系、培育影视动画交易市场、限制播放海外动画、推进动漫产业基地建设到鼓励多种经济成分共同参与我国影视动画产业的开发与经营等多个层面扶持国内动漫产业发展。

动漫产业作为一个新兴产业,不可避免地需要政府部门给予一定的政策支持。这就要求政府部门在人才引进、产业发展等方面出台相关政策,积极培育和扶持动漫产业的发展。政策支持不仅可以起到导向作用,而且能保障该行业有条不紊地顺利发展。一般来说,政府的产业政策主要分为奖励性政策和规范化政策,前者具有激励性,后者具有强制性,这两种政策需要互相补充来规范相关行业的发展。

为了鼓励动漫产业的发展,政府可以充分利用经济政策这一手段,制定有利于动漫产业发展的税收、土地和人才等政策,在一定程度上对动漫产业加以扶持。除此之外,政府还应完善公共服务平台建设,加大对动漫产业的宣传力度,促进该行业的稳固发展。

另外,政府应完善法律法规的建设,特别是产权保护和投融资方面。在政府与市场的双重推动作用下,为陕西省动漫产业的可持续发展营造一个积极、健康的良好发展环境。

3.5.2 改善资金支持体系

民间资本体量大且充满活力,在经济结构转型中发挥着不可替代的作用。为了进一步提升陕西省动漫产业的发展活力和竞争力,应改善该行业的资金支持体系,即采用以市场为导向的集群发展模式,减轻动漫产业对政府财政的依赖程度,积极吸引和追求民间资本。

民间资本的引入,可以充分发挥市场资源配置的基础性作用,有助于为动漫产业建立公平竞争的市场环境。此外,民间资本还有利于激发经济增长的内生长动力,促进动漫产业长期稳定的发展。

3.5.3 打造陕西省动漫原创品牌

动漫产业作为一种主流文化,归根结底是文化的输出。动漫产业应与传统文化互相结合、互相补充,打造具有浓厚陕西人文气息的动漫原创产品。

陕西省历史文化悠久,是中华民族文明和华夏文化的重要发祥地之一,第一个封建王朝——秦朝,就是在这片沃土上发展起来的,两汉的发展依然在这片沃土上延续,更让世人铭记的是辉煌的唐朝,那个年代这里就是世界经济文化的一个中心。悠久的历史文化是陕西走向世界的一张名片。

陕西民俗文化众多,比较著名的有唐三彩陶、面花、眉户、户县农民画、陕北剪纸、凤翔彩绘泥塑、凤翔木板年画、仿秦兵马俑、仿秦铜车马、秦腔、皮影戏等。这些传统文化在发展动漫原创产业方面具有得天独厚的优势。将陕西的传统文化融入动漫作品的设计中,可以成为该地区动漫作品的亮点。以丰富的文化资源作为动漫原创作品的创意来源,不仅可以提升陕西动漫产业的竞争力,还可以弘扬和发展陕西的传统文化。

3.5.4 明确产业发展趋势

随着科技的进步和人们生活方式的改变,动漫产品的影响力将越来越大,动漫作品的适用人群也已经发生了巨大的改变,动漫已不再专属于儿童,逐渐向成人化发展。动漫是一种大众娱乐文化,应该具有广泛的受众群,在为儿童创作出优秀作品的同时,要在青少年甚至更高的年龄层群体中打开局面,要在题材、内容以及技术方面进行创造和挖掘。

动漫产业被誉为 21 世纪最具创意的朝阳产业,过去一年我国动漫产业内容生产实力进一步提升,总产值超过 1 000 亿元。与此同时,我国核心二次元用户规模达到 4 984 万人,而泛二次元用户规模达到 1 亿人,未来随着动漫 IP(Inteuectual Property)化运营日益显著,动画电影不断渗透,动漫用户的规模将不断增大①。

2018 年中国动漫行业总产值达到 1 747 亿元,同比增长 13.7%。2018 年中国二次元用户规模达 3.7 亿人,其中泛二次元用户 2.7 亿人,核心二次元用户 1 亿人。中国泛二次元用户群体正在不断扩大,动漫相关产品的消费正不

---

① 二次元是指动画(Animation)、漫画(Comic)、游戏(Game)、小说(Novel)文化中对动画、游戏等作品中虚构世界的一种称呼用语,二次元用户常用于称呼动漫爱好者、游戏爱好者和小说爱好者。其中,核心二次元用户是指会花费大量时间和财力在 ACGN 上的人,而泛二次元用户对二次元的接触大多数在"基本了解"的阶段,略知一二但并不深入。

断提高。从中国国产动画票房情况方面来看,2018年,中国国产动画票房增长至16.9亿元,同比增长27.1%。2018年,中国地区共有12部动画电影的票房达到亿元级,其中《熊出没之变形记》票房最高,为6.1亿。截至2019年8月23日,《哪吒之魔童降世》票房已达43.14亿元,跃居中国电影票房总榜第三名。近几年,中国动漫产业融资额迅速增长,资本涌入动漫产业,行业迅猛发展。据统计,2018年动漫行业发生65起融资事件,投资额为53.7亿元。近年来,中国动漫产业发展迅速,形成以漫画、游戏、动画等融合发展的IP生态圈。在IP授权概念的影响下,动漫衍生形式泛娱乐、漫影游联动现象普遍,向着新领域积极进发。以国产动漫大IP"熊出没"的持有者华强方特为例,2018年,其文化科技主题公园板块营业收入达36.1亿元,远高于其数字动漫业务收入。

在2010年第六次人口普查中,"80后"人数共计2.28亿,"90后"为1.74亿,"00后"为1.69亿,"10后"为0.8亿。由于成人基数较大,所以设计并制作适用于成人的动漫作品具有很大的商业价值。与此同时,动漫成人化已成为该行业发展的一种趋势,具有非常广阔的市场前景。《花木兰》《玩具总动员》《功夫熊猫》等作品的成功问世,在取得商业价值的同时,间接证明了动漫由儿童化到成人化转变的必要性。这就要求陕西动漫产业借鉴和学习其他地区该行业发展的成功经验,明确行业发展趋势,了解观众需求,有针对性地创作适用于不同消费群体的动漫作品。

3.5.5 选择错位竞争

产业发展不可避免地是区域间竞争,陕西发展创意产业,与北京、上海、广东相比,在产业氛围上有着天然的劣势,那么选择错位竞争能够扬长避短。陕西动漫企业可以依靠挖掘人力资源、科技资源、古都文化底蕴等优势,与北京、上海、广东等地的企业错位竞争,聚焦内容研发或服务外包,以找到发力点。

经过千百年的传承和发展,在陕西这片神奇的土地上生活的劳动人民,不单单创造了伟大的历史,也传承下来了淳朴的民风民俗以及丰富多彩的民间艺术。民俗,顾名思义是民间风俗的意思,是指国家或者民族在发展过程中由人民群众创造,靠口头传承或者行为传承的生活文化。"关中十大怪"大体上描述了陕西关中地区的民风民俗。诸如此类的文化资源将成为陕西动漫创造力的肥沃土壤,以此打造与众不同的动漫人物与故事。

西安长风影视打造的具有陕西秦俑元素的卡通人物"秦亲宝贝",2012年7月曾作为陕西动漫形象赴日参与文化交流活动。西安高新区国家级动漫游戏公共技术服务平台，得到了国家、省、市、高新区的资金扶持。而该平台的动作捕捉等设备，则是面向中西部动漫企业开放的。陕西景浩泽文化有限公司联手著名导演吴天明出品的反映我国传统文化的电影《百鸟朝凤》，继获得第29届金鸡奖4项提名奖后，又获得了第15届华表奖优秀农村题材影片奖、优秀电影音乐奖。

3.5.6　加大利用移动互联网平台

整体上讲，动漫产业起步晚，缺乏市场运作经验，随着新媒体的不断发展，要善于利用数字网络等新技术以及现代生产方式，寻找新的销售渠道和发行模式，为动漫产业找到新的契机。截至2014年12月，我国网民规模达6.49亿人，互联网普及率为47.9%。互联网和移动互联网的普及，也在一定程度上推动了动漫行业的传播和发展。利用论坛、视频、平台网站等各种方式，实现跨媒介、多渠道、立体的传播，极大地丰富和促进了大众对于动漫IP形象的认知。《中国互联网络发展状况统计报告》显示，截至2018年12月，我国网民规模达8.29亿人，2019年我国网民规模达8.54亿人，比上一年增加0.25亿人。网民中使用手机上网人群的占比由2017年的97.5%提升至98.3%，网民手机上网比例继续攀升。2020年中国网民数量还会上升。中国网民以青少年、青年和中年群体为主。截至2018年6月，10～39岁群体占总体网民的70.8%。其中，20～29岁年龄段的网民占比最高，达27.9%；10～19岁、30～39岁群体的占比分别为18.2%、24.7%，与2017年末基本保持一致。30～49岁中年网民群体的占比由2017年末的36.7%扩大至39.9%，说明互联网在中年人群中的渗透加强。2018年，移动互联网接入流量消费达711.1亿GB，较2017年底增长189.1%。2018年，中国网民的人均周上网时长为27.6小时，较2017年底提高0.6小时。截至2018年12月，短视频用户规模达6.48亿人，网民使用比例为78.2%；中国网络购物用户规模达6.10亿人，较2017年底增长14.4%，占网民整体比例的73.6%；手机网络购物用户规模达5.92亿人，较2017年底增长17.1%；网络支付用户规模达6.00亿人，较2017年底增加6 930万，年增长率为13.0%，占网民整体比例的72.5%；手机网络支付用户规模达5.83亿人，年增长率为10.7%；购买互联网理财产品的网民规模达1.51亿人，同比增长17.5%，网民使用率为18.3%。

随着传统纸媒的没落，动漫行业的触网成为发展的必然趋势，利用"互联网＋"，将网络技术与动漫行业进行有机整合。动漫已经成为国内各大视频网站继电视剧、电影和综艺节目之后的第四大内容板块，目前已经诞生了A站、

B站、酷米网、淘米视频、百田卡通等一批垂直动画视频网站,采购大量国内外正版动漫内容向广大网民进行分发传播。视频网站借助数字产品极低的复制成本和互联网极低的传播成本,正在取代传统电视频道成为动画内容产品集成分发的首要媒体,新一代动画传播媒体的数字化、网络化、移动化、社交化和融合化特征正日趋凸显。

实时通信、微博、社交网站和论坛等以社交元素为基础的网络应用平台为强化互动性和用户黏性,纷纷使用大量动漫形象作为图释,进一步丰富了新媒体动漫的产品形态。2013年,腾讯正式启动QQ表情开放平台战略,并举办了2013腾讯原创表情大赛,在QQ和微信平台上推出了众多国内外优秀动漫形象符号。

新浪、腾讯、盛大等大型互联网企业以及有妖气、漫神网等垂直漫画平台大举进军在线漫画阅读业务,汇集国内外漫画家的海量作品。与此同时,传统漫画杂志也积极布局在线平台,迎合市场趋势,试图通过全平台的优势为动漫爱好者提供海量优质漫画的在线阅读,培养和输出原生态动漫IP。

在互联网的推波助澜下,许多传统的动漫企业纷纷推出新型的产品或服务,成为一股新的势力。以北京四月星空网络技术有限公司为例,其网络平台"有妖气"在2011年1月获得盛大资本千万元的A轮投资。2014年4月,有妖气又获得文化产业投资基金千万元B轮投资。作为最大的原创漫画平台,有妖气现在占市场份额60%以上,拥有8 000个以上的漫画版权。有妖气目前注册用户600多万,月活跃独立访问用户数(Unique Visitors, UV)为2 000万~3 000万。又如,深圳市腾华兄弟科技有限公司的"脸萌"是一款制作漫画头像的移动APP,通过卡通漫画DIY头像迷住了万千受众。此后资本市场几千万元砸向"脸萌",让这个"90后"创业团队一夜之间爆红。再如,翻翻动漫是一家来自浙江杭州的企业,以原创漫画为核心业务,主营业务包括原创漫画、国际版权、人才培养、展会赛事、跨界合作等。其内部设置有作者签约制度,如果认同漫画作者的潜力,会为他打造一个工作室,让他安心创作。内部会有淘汰制,当作品连载一段时间市场反应平淡时,这部作品就会被"腰斩"。此外,为了培养和选拔优秀原创人才,翻翻动漫还举办了中国新星杯故事型原创漫画大赛,已发掘和支持原创作者百余人,累计出品作品6 000余部。

3.5.7 合理整合行业优质资源

动漫产业发展一般依托产业园区,所以要注重产业园区的培育与建设,发挥产业园区的规模和集聚效应。要充分整合陕西省丰富的历史文化和科教资源,建立服务平台和协同机制,努力提高动漫产业的产业能力和发展能力。培养具有创新素质的人才是第一步。动漫具有很强的实践性,人才的培养需要强大的平台作为支撑,要加强教育基地的建设以及高校与高校、高校与企业之间的合作,做到既培养了人才,又创造出优秀的动漫作品,实现经济效益。

陕西省是目前国内科学教育最为密集的地区之一,仅仅西安市关系国民经济各个环节的研究所就有672家,高等院校云集,西安的在校大学生总数超过120万人,拥有三个国家级的大学科技园。数量众多的高等院校和科学研究所为陕西省动漫产业的发展提供了科学技术、必要的知识和优秀的人才。

西安美术学院、陕西科技大学、西北大学和西安邮电大学等都陆续开设了与动漫相关的艺术专业,为陕西动漫产业提供了大量的优秀毕业生。然而,我们在经营方面的人才和艺术创意方面的人才非常欠缺。陕西的人才优势显著,超过百万的大学生积极参加创意文化活动,是陕西省动漫创意产业的坚实基础,为陕西动漫产业提供了无穷的创新动力。

随着行业竞争的加剧,大型动漫企业开始频频采取收购、兼并等手段整合行业优质资源,从而达到拓展产业领域、增强企业竞争力的发展目标,如奥飞动漫在2012年收购广东明星创意动画有限公司、深圳市精合动漫有限公司、北京万象娱通网络科技有限公司的部分股权,以此加强在国产动画制作、儿童动漫舞台剧演艺业务、移动互联网和智能电视等数字终端动画内容播出的影响力。相似地,光线传媒有限公司总裁王长田调整业务宽度,与蓝弧文化、热锋网络打造"影视动漫""游戏影视"的战略方向,可见动漫企业对跨界布局动漫产业的期许。

3.5.8 优化动漫产业链

加强产业的关联性,延长和完善产业链条,加大产业的辐射力度。中国动漫产业生产总值一直保持稳定增长,伴随着动漫产业的发展,动漫衍生品市场也保持着稳定增长的发展趋势。

动漫产业链有上、中、下游之分,上游是内容制作,中游是发行传播,下游是衍生产品的开发和营销。以原创内容为核心,以动画、漫画为表现形式,通过影视传播产生拉动效应,带动系列产品的营销,通过形象授权和衍生品开发回收资金为动漫产业链主流的盈利模式。

由此可见,动漫产业的发展可以有效带动相关产业的发展,形成以动漫业为核心的产业链具有极大的商业价值。陕西动漫产业的发展应在注重动漫原创的基础上，拓展动漫衍生产品的开发，形成一个完整的产业链，提升该地区的行业竞争力，最终形成以动漫原创为核心，以图书、玩具、文具等消费用品为补充，从创意到制作、从制作到生产、从生产到宣传的新型产业链条。

第4章　陕西民俗文化产业发展研究

4.1　非物质文化遗产与区域民俗文化遗产

4.1.1　非物质文化遗产的研究现状

20世纪80年代以来,世界各国对非物质文化遗产的理论研究都给予了极大的关注。国外学者对非物质文化遗产的研究起步较早,主要集中在非物质文化遗产的概念、保护、管理等方面。

Adobe Acrobat(2004)对比了物质和非物质文化遗产的定义、表现形式和特点以及在保护中应该注意的问题。Richard Kurin(2004)主要分析了非物质文化遗产的本质、出现的问题、保护措施以及可持续发展的可行性。Nobuo Ito(2004)在介绍非物质文化遗产概念的基础上,重点讲述了非物质文化遗产和物质文化遗产二者的关系。

非物质文化遗产的保护非常重要,Harriet Deacon(2004)重点介绍非物质文化遗产保护的重要性,认为非物质文化遗产必须和物质文化遗产一样制定保护管理规划,并严格遵守。James Early 和 Peter Seitel 讲述了联合国教科文组织召开会议重点加强对非物质文化遗产的保护。Karin Czermak、Philippe Delanghe、Wei Weng 重点讲述了印度尼西亚非物质文化遗产保护的各项措施。梁钟承(2003)探讨了韩国传统文化遗产保护政策对民俗事项和民间艺人等被保护项目的影响。博物馆作为一种物质载体,在对非物质文化遗产的保护中也起了一定的作用。Kenji Yoshida(2004)提出通过物质载体在博物馆展示非物质文化遗产的价值和重要性,增强大众的保护意识。

对于非物质文化遗产与旅游相结合的研究,国外学者也进行了相关的探索。Wei Xiao、Dou Qun 和 Peng Decheng(2003)认为发展旅游是有效利用遗产资源、进一步挖掘遗产资源的内在价值、使遗产文化得以更加有效传播的重要途径,同时,发展旅游所获得的经济回报可使遗产保护获得重要的资金支持,因此提出了建立遗产资源的可持续旅游经营模式,从而真正实现遗产保护和发展旅游产业双赢的目标。Mckean 对巴厘岛、Cohen 对泰国、Boissevain 对马耳他、Mansperger 对布拉瓦海岸的研究,都认为旅游是促进当地文化发展的良性或有益途径,旅游加速了当地文化与外来文化交融的步伐,游客的到来刺激了当地传统艺术、手工艺品等的复兴。①

我国对非物质文化遗产理论及保护的研究起步较晚,该领域属于比较新的一个研究领域。然而,随着政府和社会关注程度的逐步提高,国内对于非物质文化遗产的研究进入热潮,研究领域也逐渐拓宽。

吴馨萍(2006)以联合国教科文组织确立的遗产对象演变为背景,介绍了"无形文化遗产"这一概念的由来、基本含义、表现形式及存在特征,并对这类遗产的本质和文化性征做了初步分析和探讨。杨怡(2003)详细介绍了非物质文化遗产的概念、现状及相关问题。刘魁立(2005)强调要从学理的角度即从人的本质上来理解非物质文化遗产的内涵及其价值。关于非物质文化遗产的价值,蔡丰明(2006)深入探讨了物质文化遗产本身所存在的文化特征与精神内涵,并且提出要充分发掘它们在对当代人情感表达、心灵诉求、价值取向等方面的积极作用。

非物质文化遗产相关法律的完善成为加强对非物质文化遗产保护的基础。朱祥贵(2006)从生态法范式的视角,构建了非物质文化遗产保护法的基本原则。陈庆云(2006)分析了中国非物质文化遗产保护中存在的法律问题,提出了保护利用中国非物质文化遗产的有效的法律对策。

对于非物质文化遗产个案的研究范围也较为广泛,谢克林(2004)以花鼓灯为例对非物质文化遗产保护进行研究,提出了构建以本体保护机制为核心层、以软性机制为内层、以刚性机制为保护层的完整的保护机制结构体系。夏挽群、陈江风(2007)以河南省为例,重点论述了非物质文化遗产的现状、存在的问题以及提出的相关解决对策。汪立珍选取鄂温克族非物质文化遗产进行研究,提出把非物质文化遗产的内容纳入教育体系,建立系统、科学、合理的教育机制是保护发展鄂温克族非物质文化遗产的重要途径。

随着我国旅游业的发展和对非物质文化遗产研究的进一步深入,部分学者已经将目光投向旅游业,探讨非物质文化遗产与旅游的结合。肖曾艳重点

---

① 符霞.旅游对非物质文化遗产的影响研究:以西塘古镇为例[D].北京:北京林业大学,2007.

构建了非物质文化遗产保护与旅游开发的互动模型,并辅以湖南虎形山非物质文化遗产保护开发的实例进行研究。罗茜引入非物质文化遗产保护真实性理论,提出了我国非物质文化遗产保护性旅游开发的具体对策。林庆在分析云南非物质文化遗产保护和开发的基础上,提出了云南非物质文化遗产保护和开发应遵循的原则和意识。胡绍华、阚如良等在分析宜昌非物质文化遗产现状的基础上,指出旅游对促进非物质文化遗产具有的重要作用,提出了宜昌非物质文化遗产旅游开发的对策。韩双斌以抚州非物质文化遗产保护与旅游开发研究为论题,从旅游角度,创新非物质文化遗产保护的途径。这些文献对本研究的启发较大,他们提出的一系列非物质文化遗产保护与旅游开发的措施、非物质文化遗产与旅游开发之间的相互促进作用以及非物质文化遗产保护和旅游开发的模式等都为本研究提供了很多借鉴之处。

4.1.2 区域民俗文化的研究现状

科学意义上的"非物质文化遗产"其实应该是一个庞大的思想文化体系,几乎涉及人类文化的各个范畴和形态,包括哲学、思想、经济、政治、社会、文学、艺术、宗教等全部内容。区域民俗文化具有相同的特点。其中,区域民俗文化的一部分包含着非物质文化遗产。广义的非物质文化遗产应该是包括前人创造并遗留下来的全部口头形态、非物质形态的文化遗产。广义的概念用于对文化的分类,形成一个特殊的认识范畴是可以的,但若用此概念去确定保护范围或划定学术研究范围,就太宽泛并因此丧失科学性。比如,语言中的英语、汉语等,艺术中的交响乐、歌剧、芭蕾舞、话剧等,文化中的礼节、官方典礼等,就目前而言,还没有必要置入非物质文化遗产名录,虽然它们也堪称"代表作"。狭义的概念应该就是联合国教科文组织所希望予以保护的范畴。

根据联合国教科文组织在 2003 年 10 月 17 日颁布的《保护非物质文化遗产公约》,非物质文化遗产指的是"被各社区、群体,有时是个人,视为其文化遗产组成部分的各种社会实践、观念表述、表现方式、知识、技能,以及与之相关的工具、实物、手工艺品和文化场所。这种非物质文化遗产世代相传,被不同社区和群体在适应周围环境和自然的过程中和与其历史的互动中不断地再创造,为他们提供持续的认同感,增强对文化多样性和人类创造力的尊重。当然,本公约所保护的不是非物质文化遗产的全部,而是其中最优秀的部分——包括符合现有国际人权公约的、有利于建立彼此尊重之和谐社会的、最能使人类社会实现可持续发展目标的那部分非物质文化遗产"。

在联合国《保护非物质文化遗产公约》定义的基础上，国务院办公厅《关于加强我国非物质文化遗产保护工作的意见》又对"非物质文化遗产"的定义做了进一步阐释："非物质文化遗产是各族人民世代相承的、与群众生活密切相关的各种传统文化表现形式和文化空间。非物质文化遗产既是历史发展的见证，又是珍贵的、具有重要价值的文化资源。"由此可知，非物质文化遗产可分为两类：一是传统的文化表现形式，如民俗活动、表演艺术、传统知识和技能等；二是文化空间，即定期举行传统文化表现形式的场所，兼具空间性和时间性。文化空间不同于遗址。从文化遗产角度来讲，遗址是有形物质文化遗存被发现的地点，主要包括纪念性建筑和废墟；文化空间则属于人类学的范畴，它是一处或多处相关的传统、大众文化形式频繁发生的场所。但许多文化表达形式的发生并不必然地依赖一定的场所。举例来说，一些说书艺人常常在一些特定的地点、场所展现其技艺，另一些却更喜欢游吟的方式。联合国教科文组织将文化空间同文化表达形式一起纳入无形文化遗产保护的范畴，便是为了更好地体现二者之间的关联与相对独立性。

非物质文化遗产具体表现为以下几种形式：一是口头传统，包括作为非物质文化遗产媒介的语言，例如梁祝传说、格萨尔史诗；二是传统表演艺术，含戏曲、音乐、舞蹈、曲艺、杂技等；三是民俗活动、礼仪、节庆；四是有关自然界和宇宙的民间传统知识和实践；五是传统的手工艺技能；六是与上述表现形式相关的文化空间。例如河南省宝丰县的马街书会和三门峡的地坑院，前者始于元朝初期，延续700多年经久不衰，被称为中国曲艺文化史上的一大奇观，后者是由原始人类的"穴居"遗承而来的、1 000多年前就有文字记载的民居形式。

根据2005年国务院办公厅《关于加强我国非物质文化遗产保护工作的意见》，我国在全国范围内开展了非物质文化遗产的普查、建立名录体系等保护工作。2006年6月，我国第一批国家级非物质文化遗产名录诞生，该名录共518项，将非物质文化遗产细分为民间文学、音乐、舞蹈、戏剧、曲艺、杂技与竞技、美术、手工技艺、传统医药和民俗共十大类。非物质文化遗产虽然内涵丰富，但其外延也是很明确的。只有承袭于过去、传延至未来、富有生命力的，且能承担起历史见证和文化特性基础的非物质文化资源，才能称为非物质文化遗产。

另外，在概念实质上，"非物质文化遗产"与"传统的民间文化""民间和传统表现形式"之间还是有相当大的不同。严格意义上的非物质文化遗产,主要是指与"有形的""物质的"文化遗产相对应的那部分文化遗产,即传统的"口头文化""行为文化",其中有非民间的部分。而"传统的民间文化"虽以"口头文化""行为文化""民俗文化"为主体,但它同时包含着相当一部分有形的、物质的内容和形式。事实上,这两种概念的差异和区别只是一种纯理论的,在实际生活和实践中,它们往往是很难区分的。

区域民俗文化具有综合性、集体性、传承性与传播性、民族性与地域性、动态性与时间性的特征。

4.2 陕西省民俗文化发展的机遇与建议

4.2.1 陕西民俗文化发展的新时代机遇

社会文化消费正在进入急剧上升的通道。国际经验表明,社会消费需求具有鲜明的层次性,即人均GDP在1 000美元以下时,社会消费以解决温饱为主,人均GDP上升到1 000~3 000美元时,社会对精神文化产品的消费需求开始活跃,人均GDP进入3 000美元后,社会消费结构将出现重大变化,文化消费比重逐渐上升,而物质消费比重则开始下降。目前,我国人均GDP已达3 700美元,文化消费进入快速增长时期。比如电影消费,2003年全国电影票房首次突破10亿元,而2010年上半年仅城市电影票房就达到48.4亿元,超过了2008年的票房总和,全年城市影院总票房更是冲破100亿元大关,达到101.72亿元。进电影院看3D影片已经成为城市居民特别是年轻人日常消费的一个重点,一部《阿凡达》在国内的票房就达到14亿元,《唐山大地震》创造了近7亿元的票房。据有关部门测算,我国每年文化消费的规模应在4万亿元左右,但实际消费只有1万亿元上下。主要原因是随着改革的不断推进,社会成员收入逐步拉开,新的社会阶层不断出现,文化消费需求多样性、多层次、多方面的特点越来越明显,而我们提供的文化产品和文化服务无论是数量、结构还是质量,都滞后于社会文化消费需求的变化。从目前国内总需求和总供给平衡关系上看,很多产业都出现了产能过剩问题,文化产业是少数几个总供给远远不能满足总需求的朝阳产业之一,社会文化消费的能量还没有得到充分释放,这为文化产业发展创造了极为有利的条件,打开了极为广阔的空间。

我国文化产业发展形成你追我赶的竞争态势。党的十七大作出推动文化大发展大繁荣的战略部署后,特别是国务院颁布《文化产业振兴规划》后,各省区市抓住机遇,大气魄、大手笔地制定文化产业发展规划,推动文化产业形成了你追我赶、竞相发展的态势。东部地区乘着率先发展的优势,继续抢占文化产业发展的制高点,中西部地区推进超常规、高速度、跨越式发展,努力争取后来居上。如山东实行党委政府"一把手"负责制,专题召开全省文化产业振兴大会进行全面部署,着力打造文化体制、文化惠民、文化创意、文化品牌、文化贸易"五个新优势",设立10亿元文化产业投资基金,建设10个年产值过百亿的产业园区,力争用5年左右时间,文化产业增加值翻两番。湖南设立每年1亿元的文化产业引导资金、30亿元的文化强省基金,着力打造"电视湘军""出版湘军""报业湘军""演艺湘军""动漫湘军",力争全省文化产业增加值保持年均20%以上的增速,到2015年实现增加值1 900亿元,占GDP的比重提高到8%。广东制定出台文化强省建设规划纲要,提出到2015年文化产业增加值突破4 500亿元,占全省GDP的比重达到8%。此外,在融资、税收、用地、出口等方面,各省区市也都对文化产业给予了极大优惠。全国文化产业发展可谓是千帆竞发、百舸争流,不进则退,慢进也退,只有加快发展,才能立于不败之地。

陕西民俗文化文化产业既面临难得机遇,也面临严峻挑战,但总的来看机遇大于挑战,有利因素多于不利因素。我们必须始终保持清醒头脑,增强忧患意识,在现有成绩的基础上,抢抓机遇,乘势而上,加大力度,创新发展,在新的起点上打造陕西区域民俗文化产业发展新优势,争取创立陕西区域民俗文化产业发展新辉煌。

4.2.2 陕西民俗文化发展的现状

(1)原生态文化保存完整,原真性强,具有极高的旅游体验价值

到过陕西的人都知道,陕西的地理环境特点之一是山地较多,这使得陕西的两大区域形成相对封闭的地理空间,一些原生态的民俗文化得以被比较完整地保护下来,才会让游客产生了到这里旅游的动机。

(2)资源类型丰富,文化兼容性浓烈,风俗的古老性明显

陕西民俗文化囊括了联合国教科文组织在"非物质文化遗产"方面所划分

的所有类型,有口头传说和表达,表演艺术,社会风俗、礼仪、节庆,有关自然界和宇宙知识实践,传统手工艺技能这五个方面。同时,陕西又是中国13个古代王朝首都的所在地,是中华民族文化的核心,因此在文化兼容方面表现得尤为突出,并且表现出强烈的历史悠久性和风俗古老性。

(3)陕西民俗文化在"知"和"娱"方面表现得尤为突出

陕西民俗文化常常与历史文化交叉并举,这使得民俗文化展现地区的地理环境和历史环境能够较好地融合。

民俗文化独具特色,例如陕北民歌集中体现了高原的自然景观、社会风貌和陕北人的精神世界,极具原发性特点;一些手工艺制作等形象夸张,生动可爱,乡情浓郁,色彩鲜艳。古老性也不能忘记,陕西方言是中国古文字的活化石,陕西方言中至今还保留着古香古色的腔调和文字。最后一个要属多样性了,文化内容丰富,种类繁多,尤其在传统表演上精彩纷呈,比如说皮影艺术,不仅是表演,就连道具也是独具风格的艺术品;正月的社火也是一种靠扮演造型获胜的艺术,通过高难度的动作和严密的构思,让演员扮演历史人物和现代人物,形成一个个故事组合,给人一种惊险迭出的艺术效果。类似的例子数不胜数。

4.2.3 陕西民俗文化发展的建议

我们都知道民俗文化属于可再生资源,其存在形式是多样的,且自我保护的能力非常弱。随着它赖以生存的无论是自然环境还是人文环境的改变,它可能会很快消逝。在这里,没有采取行之有效的规划和措施,民俗文化得不到及时保护,必然会遭到损害和破坏。

陕西文化产业增加值占全省 GDP 的比重虽然排在全国前列,但整体实力不强,与文化资源大省的地位形成较大反差。在比重超过5%的5个省市中,广东文化产业增加值为2 270亿元、北京1 497亿元、上海847亿元、湖南682亿元、湖北550亿元。其他省区市,江苏比重虽然只有3.1%,但增加值达1 065亿元;山东比重3.08%,增加值1 040亿元;浙江比重3.5%,增加值809亿元;河南比重3.2%,增加值623亿元;辽宁比重3.19%,增加值500亿元。相比之下,陕西省文化产业的规模还非常小。除此之外,陕西省文化企业的实力也相对较弱,无论是国有文化企业还是民营文化企业,都还处于创业的初期,主业突出的大企业成长较慢,还不具备与东部同类企业竞争的实力。文化产业的集中度、关联度、新业态的培育等,都还有待进一步加强。整体看,陕西省文化产业的比较优势和巨大潜力还没有得到充分发挥,加快发展的任务还很艰巨。

(1)要制定一系列支持文化产业发展的政策法规

文化产业既是一个朝阳产业,又是一个弱势产业,需要强有力的政策支持作为保障。广东、上海、北京等省市发展文化产业的一条重要经验,就是在投资担保和产权交易等方面先行先试,采取了一系列灵活政策,为文化产业发展提供了源源不断的贷款支持。陕西文化体制改革之所以取得实质性进展,一个重要原因也在于制定实施了一系列政策性文件,突破了长期制约陕西文化体制改革的政策瓶颈,激发了文化单位改革的内外动力。特别是2011年以来,陕西省委、省政府对文化产业的投入不断加大,文化产业扶持资金持续增加,同时建立了文化产业发展引导基金,极大地缓解了文化产业发展的资金困难。但在一些地方,政策不配套、落实不到位的现象很突出,一些政府职能部门没有按照省委、省政府的要求为企业提供应有的职能服务,文化企业特别是民营企业融资难、用地难、审批难、引进人才难、项目列项难等制约企业发展的问题还没有得到有效解决,和其他经济门类相比,各级政府对文化投入总量仍显不足,文化产业发展的基础条件比较薄弱。

(2)要加快人才队伍建设

像对一些文物的保护,条件如场所、人为管理等方面都有所缺乏。像一些特殊技艺,现在会的人并不是很多,即便有人会,很多也面临无人可传的局面。文化产业是人力资本主导的知识经济、科技经济,人才是文化产业发展的重要支撑。陕西的文化人才不少,但高素质的文化创意人才、文化经营人才、文化管理人才缺口很大,尤其缺乏熟悉文化产业规律和市场运作、懂经营会管理的复合型人才和经纪人才,缺乏能将文化资源转变为文化产品、文化商品、文化品牌的文化企业家,缺乏像杨丽萍这样的文化旗手。由于缺乏高层次人才,比如重大影视剧的创作生产,我们还是要通过和省外知名作家、编剧、导演、影视机构合作来完成,本土创作力量特别是高水平的作家、剧作家、导演严重缺乏。这样的结果就是陕西丰富多彩的文化资源孕育出来的影视作品,产生的经济效益大头在省外而不在陕西本地。因此,在充分发挥省外人才重要作用的同时,加快本土文化产业人才队伍建设充分实现产业化发展是当务之急,需要尽快取得突破。否则,人才短缺将长期成为制约陕西文化产业加快发展、提高质量的一大瓶颈。

(3)要加快体制改革步伐

陕西区域民俗文化体制改革虽然取得了实质性进展,培育了一大批独立经营的文化市场主体,但深层次的问题还要下大力气解决。一方面,已转制文化企业的现代企业制度、法人治理结构还不完善。不少企业仅仅是完成了单位性质、职工身份的转换,经营理念、管理方式、运行机制还没有彻底转过来,适应市场竞争还需要一个过程。另一方面,部分地市、县区的改革还没有全面完成。一些地方和部门对改革存在畏难情绪,怕乱、怕背包袱,有的经营性文化事业单位虽然整合了,但没有触及体制机制,有的虽然改革了,但没有真正确立市场主体地位,行政色彩依然浓厚。一些文化单位对改革存在短视观念,看不到改革对长远发展的实质性意义,维护既得利益,恪守现行框架,等着看、拖着改的现象较为突出。如何建立适应社会主义市场经济体制要求的文化管理体制和运行机制,还是一个需要努力破解的重要课题。

4.3 陕西省民俗文化发展策略与产业化培育模式

4.3.1 陕西省民俗文化发展策略

(1)民俗文化与旅游、商业要紧密结合

陕西省民俗旅游场所主要是民俗博物馆静态的观赏性设施,缺乏体验和参与性,因此在原有基础上,应增加一些互动元素。比如说在剪纸馆教游客怎样剪纸,在泥塑馆教游客怎么动手制作,或者教游客扭秧歌、打腰鼓等,不但能丰富游客的旅游体验,更能让他们深入地了解并体会这里的民俗风情。像一些传统节日,可以安排相应的传统活动,既能吸引游客又能丰富他们的见识。在旅游景点发放纪念品,既可以满足游客求新、求特色的心理,又能创造经济效益,一举两得。

通过对这类民俗文化进行创新和发展,实现商业元素与文化元素的有机结合,加上流行元素正适合了现在的混搭风格,紧随潮流又不失古典。也可以尝试对民俗文化元素进行系列开发,比如说依靠汉唐历史,对其服饰、饮食、舞蹈、戏曲等文化进行开发创新,或对民间故事传说进行加工,围绕民俗编故事,使故事内容更加生动有趣;针对住宿饮食,建造汉唐风情的客栈、茶馆,为游客增添不同的感官体验,为消费者带来不同的消费体验和文化感受,实现文化与商业的完美结合。

(2)建立科学有效的区域民俗文化传承机制

传承是保护的核心,活态传承是保护的重点。对列入各级政府名录的非物质文化遗产代表作,要以传承人为中心,建立命名、表彰、扶持的制度和政策。和谐文化、和谐社会的建设也应当以人为本,人既是和谐文化、和谐社会的真正创造者传承者,又是其实实在在的享用者。一是加强保护和传承试点工作,鼓励代表作传承人(团体、个人)进行传习活动。二是对秉承传统、技艺精湛的民间艺人授予"民间艺术家""民间艺术大师""民间工艺大师"和"民间文化传承人"等称号,继续开展"民间艺术之乡"的命名活动。三是形成比较科学完善的人才培训体系。充分依靠高等院校和科研机构的专家学者,加强非物质文化遗产的基础理论研究和学科建设,要培育组建一批年龄和专业结构合理的懂专业、会管理的非物质文化遗产保护工作的人才队伍。

(3)政府应发挥好区域民俗文化传承中的作用

政府在非物质文化遗产传承中的作用不可忽视,应发挥好政府在非物质文化遗产传承中的作用。

第一,各级政府要高度重视非物质文化遗产保护工作。我国政府全面推进非物质文化遗产保护工作,把保护和开发优秀非物质文化遗产作为发展我国文化产业的重要组成部分。同时,尽快成立鉴定和评估非物质文化遗产的审查委员会和专家委员会,分阶段制定民间非物质文化遗产保护与发展的长远规划,编制中国民间非物质文化遗产名录;理顺管理体制,建立地方与地方之间、部门与部门之间的协调机制,形成合力;各级政府还应将民间非物质文化遗产抢救工程纳入经济社会发展规划,在人力、物力、财力上予以切实支持,加大财政投入,建立完善的非物质文化遗产保护投入机制。各级政府要及时安排和落实非物质文化遗产保护工作经费,为相关部门抓好此项工作提供必要的物质保障。同时,要制定吸纳社会资金参与非物质文化遗产保护的优惠政策和措施,逐步形成政府主导、社会力量广泛参与的投入机制,确保工作扎实有效开展。目前,一些省、自治区已加大了对非物质文化遗产保护的资金投入,如浙江省"十一五"期间,省财政每年安排1500万元的非物质文化遗产抢救保护专项资金,每年安排8 200万元基层文化建设专项资金,充分体现了该省对非物质文化遗产保护的高度重视。

要加大普查工作力度。文化部已将非物质文化遗产普查成果的出版规划列入工作日程,抓紧制定《中国非物质文化遗产分布图集》的出版体例,指导各地普查成果的出版。陕西省应按照国家制定非物质文化遗产代表作的评审标准,经过科学认定后,分期分批建立各级非物质文化遗产代表作名录体系,同时择优、选强,积极申报。

第二,实行分级保护制度,负责统一协调、指导保护工作。我国的非物质文化遗产种类繁多、覆盖广阔,保护工作涉及政府许多行政管理部门。地方政府应明确实施保护单位及各自权利和责任,负责辖区内非物质文化遗产保护工作;要建立专项的民间传统文化保护基金,帮助地区解决非物质文化遗产保护工作中遇到的资金困难问题;在非物质文化遗产管理体制还未系统建立之前,由文化部门负责协调和指导文化遗产保护工作。文化部要对国家级名录项目的代表性传承人的认定标准、权利和义务作出规定,公布国家级非物质文化遗产代表性传承人,并整理出传承人的谱系;在各地试点的基础上,制定出相关办法,逐步设立若干国家级非物质文化遗产生态保护区,对非物质文化遗产内容丰富、较为集中的区域,实施整体性保护;积极建立博物馆或展示中心,抢救流散在民间的非物质文化遗产珍贵实物资料,防止珍贵的非物质文化遗产实物资料流失境外。目前,我国的博物馆工作整体上相对滞后,现在全国才有2 000个左右,应该提倡建设有特色的专题的博物馆,由政府、民间、个人共同参与这项事业,形成博物馆的集群。

第三,培养一批非物质文化遗产的承接人才队伍。非物质文化遗产的保护须以调查研究为基础,调查研究须有专业人才的指导和参与。专业人才的培养要以学术建制和学科建设作为组织与制度的保障。国务院《关于加强文化遗产保护的通知》着重提出要大力培养文化遗产保护和管理所需的专业人才,是非常正确和及时的。由于各种原因,传统工艺的研究、保护曾长期处于无人过问、任其自生自灭的状态。在各类民间文化形态中,数传统工艺的工作基础最差,专门人才也最匮乏,青黄不接的现象非常严重。这种情况如不及时改变,就会严重影响保护工程的正常开展。当务之急是要理顺关系,明确职责归属,采取切实措施,逐步完善传统手工技艺的学术建制,推进学科建设,并积极稳妥地规范和实施高级、中级专业人才的教育培养,在相应的高校增设有关方面的专业学科,招收此类专业的学生,其中包括本科生、代培生、进修生等;教育部门应尽快恢复民族地区学校中原有的"双语"教学,对处于濒危状态的语言更应采取抢救措施;将民间艺术列入大学艺术教育,在中小学各个学段开设有关非物质文化遗产内容的课程,从小孩子开始培养他们对民族文化的认同感;在保护非物质文化遗产的队伍中,要吸收文化人类学家和民俗学家,以提高文化遗产保护工作的水平。

第四,加强对非物质文化遗产开发利用的管理。制定和落实相关政策,科学合理地进行非物质文化遗产的开发与利用。要避免地方政府因利益驱动,不顾及对文化遗产的破坏,去"开发"某些非物质文化遗产;必要的开发必须由专家学者论证、经有关部门审查批准,严格实行开发非物质文化遗产的准入制度;政府必须倾听民众保护文化遗产的呼声,及时纠正有损文化遗产的行为,加大对非物质文化遗产的保护力度。各级政府应该本着对民族、对未来负责的态度,增强文化遗产保护意识,处理好"保护"与"发展"的关系,特别是切实将文化遗产保护纳入城乡发展规划。通过纳入城市规划,实现整体性控制,将文化遗产保护的理念贯彻到城市建设的各个层面,防止出现"建设性破坏";在新农村建设过程中,通过将保护民间文化遗产的内容纳入其总体规划,防止在村镇建设过程中出现"追风"现象,使存留在广大农村的、丰富的文化遗产得到保护。

第五,努力营造全社会重视非物质文化遗产的氛围。将非物质文化遗产列入爱国主义教育内容,广泛开展非物质文化教育的宣传工作。文化遗产是大众的,最终也必须依靠大众来保护。但是,由于种种原因,以往老百姓接触文化遗产的机会还不是很多。我们应该以"文化遗产日"为契机,通过加大博物馆等场所向公众免费开放的力度,以及经常举办展示、论坛、讲座等活动,让公众尤其是年轻人了解并喜爱传统文化,培养文化自尊和文化自信,同时也调动他们参与保护的积极性。教育部和中宣部已启动了一个保护中国优秀传统文化的项目,把每年9月份定为"传承月",目的就是在中小学中开展非物质文化遗产的教育普及工作,还确定了每年3月20日为"中国儿歌日"。要充分利用广播、电视、报刊、远程教育网络等媒体进行广泛宣传,并通过在农村、街道社区举办培训班、发放宣传资料等有效形式,多渠道、多层次地加强对非物质文化遗产保护工作相关政策和知识的宣传,积极营造良好的社会氛围,不断提高人们对非物质文化遗产的保护与开发利用意识。建立相关的博物馆、民俗馆和民间艺术资料库等设施,利用现代科技手段对非物质文化遗产进行严格保存和保管;组织专家学者、文化工作者和群众艺术工作者参与保护非物质文化遗产活动,特别是注重发挥关心文化事业的企业和人士,以及文化团体和各类文化中介组织的作用;推行国家非物质文化遗产命名制,借鉴"世界文化遗产"或"人类口头与非物质文化遗产"申报的做法,对优秀的非物质文化遗产,按照逐级申报、专家机构或权威部门评估、政府审批的程序,给予相应级别的命名,把保护、开发、申遗、利用更紧密地结合起来。

第六,推动民间非物质优秀传统文化不断发展形成文化产业。推动民间非物质优秀传统文化不断地发展形成文化产业,是保护非物质文化遗产的有效途径。文化遗产列入保护名录之后不能仅停放在博物馆里,应积极推动民间非物质文化遗产的产业化发展,对具有产业开发价值的传统文化项目予以政策倾斜,鼓励民间资本进入民间传统文化的产业开发。在认定和保护各种非物质文化遗产的基础上,对具有一定经济价值的非物质文化遗产,在有效保护的前提下,要进行科学合理的开发利用,使它们成为促进地方经济发展的重要支撑。实践证明,单纯的保护不仅因为经济方面的原因很难实现,文化遗产的社会价值也很难在完全封闭的状态下完全展示出来。而在确保文物安全的情况下将这些遗产推向市场,不仅可以解决文化遗产的保护费用,也会在最大限度上凸现出文化遗产的社会价值,并实现利用遗产保存历史、教育后人的最终目的。对非物质遗产的产业化经营一般都是通过对非物质文化遗产"物化"的方式来实现的。而能否将民间艺人、匠人手中的绝技发掘出来,便成了非物质文化遗产产业化开发的关键。目前,人们对工艺技术类文化遗产的开发已经取得了长足进步。如许多传统玩具、木版画、布贴画、民间剪纸、泥塑、面塑、木雕、角雕、刺绣等传统工艺技术都已通过产业化的方式步入市场,并取得了不俗成绩。歌舞等表演类文化遗产,神话史诗等民间文学类文化遗产,端午、中秋等传统节日类文化遗产以及传统医药术、针灸术、食品制作、冶金术等知识经验类文化遗产也已步入市场,并通过市场运作的方式开始了它们的产业化经营。在这个过程中,文化遗产的持有者不但从遗产产业化经营中获取了高额回报,还在经营过程中弘扬了本民族的优秀文化以及附着于这些文化产品之上的民族精神。

4.3.2 陕西民俗文化发展产业化培育模式

(1)多县联动

民俗相通、文化相融,多县旅游资源整合和旅游联动开发具有广阔前景。多县旅游联动机制框架的搭建有利于旅游资源共享、优势互补、利益均占的格局,其意义十分重大。

以云南元谋为例,通过以交通为重点的一批基础设施的建设,禄劝、武定、元谋这三个山水毗邻、资源相同、文化相近的北部县城,在某种程度上的联系将更加紧密。特别是三县共同签署《加强经济社会领域合作框架协议》,使昆楚一体化的实质性合作又向前一步。

2012年,时任元谋县县长杨中华在政府工作报告中明确提到,要积极扩大对外开放,切实有效推进《禄劝县武定县元谋县加强经济社会领域合作框架协议》的落实,加强城乡规划、资源开发、交通路网、产业发展、商贸流通、文化旅游、综治维稳等领域深入合作,加快三县联动发展。打造绿色经济强县、文化旅游强县和中国南方极其重要的蔬菜集散地,这是元谋县"十二五"发展的三大主要目标,也是元谋融入"禄武联动"寻求合作发展的源动力。

就元谋县自身而言,无论是在塑造"冬旅休闲之乡"的旅游形象上还是在打造中国南方极其重要的蔬菜集散地上,都与禄劝、武定两地有着紧密的联动性和互补性。在农业发展方面,元谋希望借助禄劝、武定的资源优势来形成一个稳定有规模的农产品物流集散地;在工业方面,元谋与武定、禄劝的合作,重点将放在新能源的开发和利用上。同时,元谋还在积极推进重大交通基础设施建设,并开始着眼调整未来旅游产业发展结构,将在加强区域合作的基础上,努力把元谋打造成昆攀文化旅游经济带上的新亮点。

发展的客观条件要求元谋尽快融入禄劝、武定合作的机制,而随着双方下一步在基础设施、城市建设等方面实现共建,资源共享,将有助于上述目标的快速实现。抱团发展打造特色线路,对一个旅游地来说,如果在一年四季都能保持一个较高的旅游人次水平,那将会极大地推动该地区旅游产业的发展。

(2)民俗文化旅游模式

旅游本身就是一种文化行为。没有文化,就没有旅游,游客看的就是文化,并且希望看到独具特色的文化,从这个意义上说,民俗文化资源也是旅游资源,并且是独具特色的旅游资源。开发民俗文化资源,不仅仅是增加了一项旅游内容,更重要的是让旅游者在观赏自然景观的同时,更深地了解一地的文化底蕴。挖掘文化底蕴,增添文化含量,还可以加速旅游产业化进程。①旅游资源的文化内涵越丰富,人们理解想象的余地越大,带来感官和心理体验越丰富,人们前来获取和共享知识、信息的欲望就会愈强烈,从而增大客流量。②增加旅游消费项目,提高旅游消费水平。如在景区修复文物古迹向游客开放,在夜晚安排民族文化娱乐项目等,就可能使旅游收入大幅度增长。③开辟境外客源,发展国际旅游。"越是民族的就越是世界的"。对民族文化差异性进行探索的价值取向,是引导现代旅游业客流走向的神奇魔棒。以名山、名水为依托,充分开发利用民族文化旅游资源,会吸引大量境外旅游者。④民族文化旅游开发和再生产所需投入不多,是一种低耗高效的经营途径,极有利于旅游产业化的发展。神奇的自然景观和独特的民俗文化之于旅游,犹如车之两轮,鸟之双翼;开发民俗文化资源,无疑会给旅游发展插上腾飞的翅膀。

(3)数字博物馆

基于网络的虚拟现实技术是如今多媒体技术领域研究的热点,它可通过互联网络提供真实的外部环境、建筑物的空间结构、三维模型的真实表面特征等可视化信息,而且虚拟环境中的对象拥有对周围环境进行分析、思维决策甚至改革环境的能力。目前,成功运用的领域有虚拟现实技术战场环境,虚拟现实作战指挥模拟,飞机、船舶、车辆虚拟现实驾驶训练,飞机、导弹、轮船与轿车的虚拟制造(含系统的虚拟设计),虚拟现实建筑物的展示与参观,虚拟现实手术培训,虚拟现实游戏,虚拟现实影视艺术等。在文博领域有故宫博物院的紫禁城再现(环境及古建筑外形的数字重建,没有室内场景),南京故宫博物院铜牛灯的三维展示等实践。

网络虚拟现实的应用技术有很多种,各种技术都有其自身的优势和缺陷。在构建网上虚拟博物馆之前,需要选择一种合适的技术来满足网上博物馆的展示需求,并且适应系统的扩展性。

网络虚拟现实技术从功能上区分大体可分为两类,一类偏重功能实现的自由度,譬如 Shockwave3D 等,这类技术比较适合具有复杂人机交互的情形,如场馆的漫游中的碰撞帧测、动力学系统等;另一类偏重开发的效率,如 Cult 3D 等,这类技术比较适合固定模式的人机交互行为,如三维藏品的旋转、缩放操作。将网络技术和虚拟现实技术结合起来,将会为陕西省网络化数字化博物馆的建设提供一个良好的技术平台。

(4)民俗生态园

提起鱼峰山,人们往往会联想到刘三姐——山歌——骑鱼升仙。如何利用好这个独特资源,柳州市园林部门与民营企业开始了共同打造刘三姐文化的尝试。2009年6月14日,尽管龙城风雨交加,但就鱼峰公园"歌圩·刘三姐"民俗生态园项目启动而进行的研讨会,专家的肯定与可行性意见,让项目的开发者们看到了发展刘三姐山歌文化的晴天。

"歌圩·刘三姐"民俗生态园项目,是由一家民营的民俗文化公司与鱼峰公园合作打造的一个特色文化品牌项目,目的是依托鱼峰山独具的刘三姐民俗民间文化,挖掘、收集、整合柳州的民间山歌资源,让富有民族特色的山歌唱响鱼峰,唱出柳州更大的名气,重现传统文化的生机。

该项目抓住了刘三姐文化"山歌"的文化核心,其项目所要展示的全部民俗生态活动内容及形式概念;"圩"是"歌圩·刘三姐"所要展示的全部民俗生态文化活动载体的平台及时空概念。按照项目规划,重头戏是围绕"山歌"为主体举办一年一度的柳州"刘三姐歌王"赛事,赛事活动时间从三月三至中秋节,之后把"歌圩"文化延伸到春节,组织一系列丰富多彩的主题性民俗文化活动,自始至终渲染"歌仙广场"传承传统文化、民俗文化的氛围。

风景与美食相伴的岐山民俗生态园,位于岐山县城西北,园区规划面积7平方千米,辖5村29个村民小组、人口9 455人,是以生态旅游开发和民俗文化建设为主题的旅游经济园区。园区紧邻县城,区内地势平坦,交通便利。这里,以岐山臊子面、岐山擀面皮、油酥锅盔为代表的地方小吃源远流长;传统手工艺品如剪纸、刺绣、脸谱和锣鼓、曲子、社火等民间艺术久负盛名;婚、嫁、节、庆习俗更是精彩纷呈,充满了浓郁的地方特色。如今这里已成为城里人休闲的好去处,而岐山村民也因此找到了发财致富的新路。

4.4 我国民俗文化品牌建设成功案例

4.4.1 云南省民俗文化品牌建设成功案例

2019年起云南省重点打造"丝路云裳·七彩云南民族赛装文化节",在传承弘扬中华民族优秀传统文化的同时,进一步激发文化创新创造活力,助推云南旅游文化产业高质量发展,全力打造国内一流、世界知名的云南文化形象品牌。1996年,云南省委提出建设民族文化大省目标,云南文化产业自此开始起步。进入21世纪,云南省文化产业快速发展,云南省文化的知名度、影响力显著增强。云南省提出了坚持"三个结合"(文化与旅游结合、与企业结合、与科技结合)、推进"三个创新"(体制机制创新、艺术样式创新、运作方式创新)、打造"四大品牌"(体现人与自然和谐相处的"香格里拉品牌"、蕴藏深厚历史文化的"茶马古道品牌"、蕴含多姿多彩民族文化的"七彩云南品牌"、具有爱国主义教育意义的"聂耳音乐品牌")、培育"十大产业"(广播影视、新闻出版、民族演艺、文化旅游、民族民间工艺品、休闲娱乐、会展节庆、珠宝玉石、茶文化、体育)的发展思路,推动文化产业发展进入由量的扩张向量的扩张与质的提高并重的新阶段,获得了全面丰收,实现了新的突破。

(1)文化综合实力迈上新的台阶

近年来,云南省的文化产业以年均近20%的增长速度持续快速发展,增幅远远高于同期经济增幅。2008—2009年,在实体经济遭受国际金融危机严重冲击、增长乏力的情况下,云南省旅游、文化市场暖流涌动,势头不减,成为经济"寒冬"中的一股"暖流"。2009年,云南省文化及相关产业增加值达364亿元,比2005年的183亿元翻了近1番,在GDP中的比重提高到5.9%。云南与北京、上海、广东、湖南、湖北一起,成为全国6个文化产业增加值在GDP中的比重超过5%的省市之一,居全国第5位。发展较快的丽江市,文化产业增加值在GDP中的比重已超过11%,昆明市超过8%,文化旅游行业已经成为当地重要的支柱产业和经济增长点。2010年以来,云南省文化产业继续保持强劲发展势头,预计全年文化产业增加值在GDP中的比重将达到6%以上。云南省文化产业平稳较快发展,新闻出版、广播电视等传统产业巩固壮大,文化创意业、文化信息业等持续发展。文化企业数量显著增长,从2014年不到14 200户增加到目前的29 197户,重点文化企业数量从344户增加到743户;国有文化企业稳定发展,4户省属文化企业实现连续多年盈利;文化产业增加值持续增长,从2014年的396亿元增加到2017年的517亿元,占地区生产总值的比重从3.10%提高到3.16%,成为全省经济发展的亮点。云南省文产办预计2020年云南省文化产业GDP占比达到或超省GDP的5%。

(2)骨干文化企业迅速做大做强

通过深化文化体制改革,云南省组建了云南文化产业投资控股集团、云南出版集团、云南报业传媒集团、云南广电网络集团四大国有文化企业和云南云视传媒集团、云南云广传媒集团、云南电影集团、云南演艺集团、云南文博产业集团等一大批独立经营的文化市场主体,发展活力获得极大释放。云南出版集团跻身全国出版集团经济规模综合评价前10名和全国服务企业500强,五年内可实现资产和销售收入"双百亿"目标,目前正在抓紧上市。云南广电网络集团2010年底经营收入预计达到15亿元,比上年增长30%以上,实现利润1亿元,增长50%以上,5年内可实现资产和收入"双百亿"目标,目前正在抓紧上市。在做大做强国有文化企业的同时,云南省的民营文化企业也迅速发展壮大,云南映像文化产业发展有限公司、丽江丽水金沙演艺有限公司、云南中天文化产业股份有限公司、云南柏联和顺旅游文化发展有限公司、昆明福保文化城有限公司等民营骨干文化企业被评为"国家文化产业示范基地",成为全省文化产业发展的重要力量。

(3)特色演艺品牌不断涌现

继《云南映象》《丽水金沙》之后,《印象丽江》《丽江情缘》《云南的响声》《梦幻腾冲》等一批经济效益和社会效益俱佳的演艺精品先后走向市场,成为云南文化产业的名片。"2019年云南(深圳)美食节暨云品展销周"活动将在深圳市举办。一此次活动由云南省商务厅、云南省投资促进局主办,云南省政府驻深圳办事处承办,深圳市金碧酒店、云南品牌企业促进会等单位协办。主办方将组织云南绿色食品产业招商推介会、云南特色食品品鉴会、云南民族特色文艺等数十场系列活动。由张艺谋导演的《印象丽江》2008年进入市场以来,共演出2 600多场,观众达324万人次,实现收入近4亿元。《云南映像》公演以来,已演出2 200多场,收入2.2亿多元。《梦幻腾冲》2010年初进入市场以来,已演出300多场,观众4万多人次,收入500多万元,实现了当年上演当年赢利。此外,丽水金沙演艺有限公司打造的《丽水金沙》(苏州版)2009年在苏州成功商演,吉鑫集团在海南三亚投资打造的《浪漫天涯》实现了产品与市场的接轨,云南文投集团融合云南少数民族文化元素打造的新型杂技节目《雨林童话》在成功打进法国商演市场后,又拿到了加拿大、美国、新加坡等国的"海外订单",之后又在柬埔寨吴哥精心打造了大型演艺晚会节目《吴哥的微笑》,并于2010年11月27日在吴哥窟实景演出,获得了极高的市场评价,原文化部部长蔡武盛赞《吴哥的微笑》是国有文化艺术院团转企改制后面向市场开辟的新的道路。与2016年相比,2017年云南文投集团利润从2 000多万元增加到 1.5 亿元,收入从 38.9 亿元增长到 52.2 亿元,资产从 63 亿元增长到 77.9 亿元,负债率降低 20%,净资产收益率从 0.46% 提高到 5.96%。

(4) 影视产业形成新的冲击波

云南省委宣传部成立云南省影视创作指导小组,制定了加快影视产业发展的政策措施,对在央视和地方频道播出、获得国内外各种奖项的影视作品给予重奖,每年吸引众多影视剧组来云南进行创作拍摄,影视产业迅速成长为全省最具资源优势和产业特色的文化业态。和全国著名影视机构联合拍摄的电影《走路上学》荣获少儿作品华表奖,电影《村官普法兴》被观众称为近年来不可多得的优秀影片,中宣部、中组部、国家广电总局等部门联合发文向全国推荐。反映民族团结、宣传民族政策的电视连续剧《金凤花开》成功在央视一套黄金时段播出,成为 2009 年有影响力的收官之作。《我的团长我的团》《滇西1944》《冷箭》《翡翠凤凰》《山间铃响马帮来》《国歌》等众多电视剧在央视和多家省级卫视播出,《富滇银行》《解放大西南》《护国将军》《香格里拉》《中国远征军》《阿诗玛新版》等影视剧也相继在云南境内拍摄,云南题材、云南故事、云南摄制在影视界再次形成新的冲击波,云南天然摄影棚的优势和魅力得到充分显现。

(5) 文化产业集群不断形成

云南省十大文化产业都保持了强劲的发展势头,形成了一批特色文化产业版块。全省民族民间工艺品生产销售企业发展到 7 000 多家,涌现出了建水紫陶、鹤庆银器、会泽斑铜、永仁石砚、个旧锡器、大理石器等工艺品牌,建成了鹤庆新华银器村、腾冲荷花玉雕村、石林阿着底刺绣村、剑川狮河木雕村、大理周城扎染村和昆明国贸民族民间工艺品交易市场等一大批专业市场,年销售额超过 80 亿元。珠宝玉石经营企业已发展到 10 000 多家,2009 年珠宝玉石销售总额 180 亿元,2010 年突破 200 亿元,昆明、瑞丽、腾冲成为全国著名的珠宝玉石市场。连续举办了多届国际性石文化博览会,2010 中国昆明泛亚石博览会参观人数突破 20 万人次,现场成交 3.2 亿元,成为当时亚洲规模最大和国内专业化程度最高的国际石文化博览会。沿茶马古道和古丝绸之路一线,迪庆独克宗、丽江束河、盐津豆沙关、会泽娜姑、官渡古镇、姚安光禄、禄丰黑井、大理喜洲、腾冲和顺、西双版纳橄榄坝等一大批文化名镇名村的开发,成为云南省文化与旅游结合的成功范例,投资 50 亿的云南省首个民族文化旅游产业示范基地——中国丽江民族文化产业基地启动建设。以西双版纳、普洱、临沧为茶文化基地,打造了昆明雄达、康乐两大茶文化城,推动了云南茶文化产业的发展,提升了云南茶产业的市场竞争力。

(6)文化产业在转变经济发展方式中的重要作用日益显现

据初步统计,截至 2009 年 9 月,云南省在各级工商机关登记的各类内资文化产业企业达 20 341 户,注册资本金 430 亿元,分别比 2005 年增长 55.4%和 61%。其中私营企业 16 624 户,注册资本金 334 亿元,分别比 2005 年增长 70.9%和 149.3%,分别占全省文化产业企业、注册资本金的 80%和 76%以上。文化产业的持续快速发展,极大地活跃了地方经济,优化了经济结构和产业结构,拓宽了社会就业渠道,促进了城乡居民增收。2009 年全省规模以上文化企业从业人员 38.7 万人,比 2005 年的 33 万人增加 5.7 万人。以翡翠为主要特色的珠宝玉石产业带动了 50 多万人就业。曲靖市有农村文化户 1 600 多户,从业人员 2 万多人,每年实现文化经营收入近 1 亿元。文化产业与其他产业相融合,打造了许多新的产业门类,形成了新的经济增长点。特别是文化与旅游的互动发展,极大地提升了云南旅游的吸引力、影响力,文化旅游类产品已占旅游产品的 30%以上,成为云南旅游"二次创业"的重要推动力量。

总的来看,这几年云南文化产业的各个领域都有声有色、亮点频现,打造了云南独特的竞争优势,提高了云南文化在全国和世界的知名度、影响力。尤为重要的是,云南文化产业开辟了一条有别于东部经济发达地区的区域特色文化产业发展新途径,为西部地区特别是边疆民族地区发展文化产业提供了重要借鉴。云南文化产业发展的强劲势头,引起了社会的广泛关注,被称为我国文化产业发展的"云南现象"。刘云山、李长春等中央领导同志和中央宣传部、国家文化部等中央有关部门都给予了充分肯定。刘云山同志专门作出批示,要求中央媒体对"云南现象"进行集中宣传,推广云南的经验。2009 年 3 月 7 日,光明日报社在北京专门召开"首都专家解读中国文化产业云南现象座谈会",对云南文化产业发展道路进行深入研讨,从理论上进行提炼总结。云南文化产业的持续快速发展,也为建设云南民族文化强省奠定了坚实的基础,找到了一个重要的切入点和突破口。

4.4.2 湘西地区民俗文化品牌建设成功案例

湘西地区文化产业发展的成功经验也很值得我们学习和借鉴,具有包括以下几方面：一是助推产业创业，抓好项目管理。要整合资金，每年集中70%~80%的资金保证民族团结进步示范点、民族特色村寨、民族文化传承保护等工作重点。要助推创业发展，抓好项目的考察、设计、论证，将各类经济社会发展项目的实施融入示范州建设洪流中去。要抓好项目管理，督查调度，确保发挥效益。二是加强民族团结，办好示范样板。示范点要合理布局，新老结合；产业发展要初具规模，把办点落脚到民生改善、经济发展上来；软硬建设要双管齐下，氛围要浓厚，宣传有声势，活动多特色。通过办点，以点带面，积极推动全国民族团结进步示范州创建工作。三是建设民族特色村寨，彰显民族特色。要科学选点，综合选择；要整合资源，聚力建设；要突出特色，传承文化，结合各村寨实际，办出各自特点特色来，促进民族文化乡村旅游发展，强村富民。四是弘扬民族文化，加大保护力度。要清理摸底，形成名录；要筛选重点，包装项目，以项目争取上级资金支持；要制定规划，统筹安排，有计划有步骤开展工作。五是更新思想观念，不断创新工作。要汇聚各方力量，形成合力推进工作；要围绕职能职责，突出本职工作，集中人财物做好工作；要抓好信息宣传，营造浓厚氛围，加大社会宣传力度；要严管专项资金，做到专款专用；要加强队伍建设，提高综合素质，提升工作水平。

4.4.3 陕西省安塞县民俗文化品牌建设成功案例

陕西省延安市安塞县民间文化资源富集，特别是安塞腰鼓、安塞剪纸、安塞民歌、安塞农民画已经成为具有国际知名度的文化品牌，但是文化品牌的知名度并没有为安塞带来巨大的旅游收益。因此，安塞县面临的是文化品牌向旅游品牌转变、文化产品向文化产业转变、文化资源向经济资源转变的三大文化发展命题，正是出于对以上三大命题的破解需要，安塞县和陕西文化产业投资控股(集团)有限公司(以下简称"陕文投")达成了开发建设"安塞黄土风情文化园区"的共识，力求将安塞民间文化打造成为陕北地区的"文化明珠"。

据了解，"黄土风情文化园区"位于安塞县城南端的延河西岸，靖延高速公路安塞南入口。园区依托"安塞腰鼓——中华鼓魂"的文化优势，汇集中国各地"鼓"文化艺术表现形式，并邀请世界知名鼓表演艺术家加盟，通过对世界鼓文化的组织、聚集和展示，提升安塞腰鼓文化及项目的国际化影响力，以更加大气包容的姿态将安塞腰鼓进行全方位塑造，使园区成为陕西、中国乃至世界鼓文化艺术的荟萃地、聚集地和展示地。推动延安文化旅游事业的蓬勃发展，以带动整个安塞文化产业体系的发展和完善,形成安塞的文化产业竞争优势。

黄土风情文化园区定位于打造"中华第一鼓城""包茂经济带上的文化明珠""黄土风情文化集中展示区"和"陕北人文风貌原生态体验区"。为此,该园区将依托延安的红色旅游优势和安塞县具有国际水准的民间艺术品牌,充分发掘高速公路经济动脉的潜力,打造集旅游、度假、休闲、娱乐、文化、展演于一体的高速公路休憩港和文化旅游度假基地,搭建一个可充分展示和发展安塞民俗文化资源产业化的平台。

第 5 章 陕西省体育文化产业发展策略研究

5.1 体育文化产业的政策支持

2016 年 10 月,国务院办公厅印发了《关于加快发展健身休闲产业的指导意见》,其中指出,到 2025 年,将会让健身休闲产业发展建设满足结构符合大众要求、功能服务模式完备、各种健身活动齐全的新型健身休闲指标,将会从多方面加快发展健身休闲产业。同时,在这个条件下,市场机制将会不断进行优化设计,人民大众对健身休闲的消费欲望将会更加热烈,健身休闲产业的环境将会上一个新台阶,其产业架构也会逐渐趋于完备,大众体验到的健身休闲的服务态度和服务水平将会有着明显的提升。与此同时,其他产业也会和健身休闲产业进行产业融合发展,其总规模将达到 3 万亿元。

2016 年 12 月,由国家旅游局、国家体育总局共同印发的《关于大力发展体育旅游的指导意见》中提出了我国体育旅游业近期的发展目标,即到 2020 年,在全国建成 100 个具有重要影响力的体育旅游目的地,建成 100 家国家级体育旅游示范基地,推出 100 项体育旅游精品赛事,打造 100 条体育旅游精品线路,培育 100 家具有较高知名度和市场竞争力的体育旅游企业与知名品牌,体育旅游总人数达到 10 亿人次,占旅游总人数的 15%,体育旅游总消费规模突破 1 万亿元。

5.2 陕西省发展体育文化产业的现实基础

5.2.1 基础设施良好

在西部大开发中,陕西省是建设发展的桥头堡,地理位置具有联结南北、贯彻东西的特质。陕西省社会经济不断飞速发展,2011 年年底,陕西省的城镇居住人口达到 1 384 万人,大概占全省总人口的 33%,城镇居民和农村居民的生活水平和生活条件都日益提高,从国家统计局公布的经济普查结果来看,

2011年陕西省的生产总值达到12 391.3亿元。陕西省统计局公布陕西2019年全省经济运行情况显示,2019年陕西实现生产总值25 793.17亿元,比上年增长6.0%。2019年,陕西规模以上工业增加值同比增长5.2%,增速分别较一季度、上半年和前三季度加快2.4、1.9和0.7个百分点。其中,高技术产业增长11.1%,装备制造业增长8.9%,分别高于规上工业5.9个和3.7个百分点。2019年末,全省常住人口3 876.21万人,较上年增加12万人;其中城镇人口2 303.63万人,城镇人口占常住人口比重为59.4%,较上年提高1.3个百分点。与经济快速健康发展相伴的居民收入的提高是居民消费水平提高和结构优化的前提和基础。大众不仅越来越注重改善物质生活,也越来越注重平常生活中精神层面的享受,人们用于自身发展和享受生活等方面的支出有了显著且迅速的增长,而且大众对于体育消费的需求量和投入度也有了显著的提高,体育消费在大众消费中也占有一席之地。

在发展体育产业方面,陕西省有着良好的基础。依据资料考证,2011年陕西省体育产业的年产值已经超过40亿元,体育产业已经成为大众社会消费的一个重要增长点。随着陕西国力足球队进军甲A,这一振奋的消息也带动了陕西的足球市场的火热场面,1996年甲A联赛的观看人数获得新高,因此陕西国力主场也获得了"金牌球市"的荣誉称号。陕西省的居民不仅有了更多机会去欣赏高层次的竞赛,而且居民在体育方面的支出消费也受到明显的刺激,这都是不断增加的商业性比赛所带来的好处。

陕西竞赛表演市场有着一个令人瞩目的特质,举办的一系列职业联赛和业余联赛也更加吸引到人们的眼球。除此之外,陕西竞赛表演市场的潜在优势也在这种带动下变得更加明显。不得不说,这些联赛的开展有着重要的、现实的、长远的意义。民众参与举办的各式各样的体育竞赛表演的热情也得到了前所未有的提升。西安城墙马拉松等一系列活动的举办吸引了民众的关注,带动了足球、篮球、排球三大球的市场,让这些优秀的大球运动也受到了关注。今后在开展顶级比赛活动的时候都有着丰富的经验和良好的基础,使得陕西省在这一方面有着很高的水准。这些举措也会让人民的生产生活水平得到一定程度的提升,其他各式各样的体育活动也能满足人民的需要,这些都会不断地让陕西省的体育市场形成较大的规模,取得我们所期待的成就。

健身休闲产业的发展对就业的影响也是很重要的。不断发展的体育产业带动了健身休闲产业的兴起,也解决了一大部分人就业的难题。截至目前,陕西省的健身休闲类活动场所日益增多,陕西省体育市场格局的开端已经实现,在这之中比较突出、比较广泛的就是各类球馆、武术、游泳、健身中心,这些营利性的体育企业不仅为社会提供了不可计数的工作岗位,而且它们在满足人民群众健身文娱需求的同时,也在一定程度上刺激了人们对相关体育产品的需求,大大促进了体育消费的增长。

5.2.2 政府支持有力

为贯彻落实《国务院关于加快发展体育产业促进体育消费的若干意见》(国发〔2014〕46号)精神,进一步加快体育产业发展,促进体育消费,推动产业结构转型升级,陕西省人民政府下发了《关于加快发展体育产业促进体育消费的实施意见》,提出了推进投融资机制改革、设立体育产业发展基金、完善健身消费政策、落实税费优惠政策、完善规划布局与土地政策、加强人才队伍建设等一系列支持政策,促进了陕西省体育产业的快速发展。

5.2.3 旅游资源丰富

陕西省的文化底蕴浓厚,具备文化资源品位高、存量大、种类多以及文物遗迹丰富等优点,"天然历史博物馆"的荣誉就是由此得来的。据有关部门统计,陕西省现存的文物点有3.58万处、馆藏各类文物90万件(组)、博物馆151座,这在很大程度上远远超过大多数省份的文物点数量。陕西省不仅有着十分可贵的人文景观,省内的自然景观也是十分壮丽的。陕西境内有"奇险天下第一山"西岳华山、排山倒海的黄河壶口瀑布、古朴醇厚的黄土高原、一马平川的八百里秦川大地、天然形成但又有着历史事件的骊山风景区、有着海拔颇高的秦岭主峰太白山、婀娜秀气的陕南秦巴山地等。为了对陕西省特有的旅游项目、旅游资源进行有效的利用和开发,提升旅游产业的竞争力,陕西省在"十一五"前后逐渐形成了以西安为核心、以人文旅游资源为特色、以人文景观与自然景观相结合并具有国际影响力和市场震撼力的六大品牌旅游景区,即以秦风、唐韵为主题形象的世界级文化观光休闲旅游目的地的临潼旅游景区;集山岳参观、宗教文化、文娱休闲、特色体验为一体的"天下第一险山"的华山旅游景区;融红色旅游、祭拜朝祖、黄土风情、黄河风光、民俗文化为一体的全国红色旅游首选目的地和北方区域旅游目的地的延安旅游景区;依靠秦岭所独有的天气、动植物、地质、水文、生态以及人文等资源,高度联结各方面优势,建造国家公园品牌的秦岭生态旅游景区;以合十舍利塔建设为核心,逐步恢复盛唐风采,形成具有世界影响力的佛文化旅游目的地的法门寺旅游景区;以司马迁祠墓、古城元明清建筑、秦晋黄河峡谷所呈现的历史文化、地方文化、民俗文化以及自然风光为特色的国家历史文化名城韩城古城旅游风景观光区。

5.2.4 交通十分便利

陕西省即将构建的大西安立体综合交通体系可以说起了雪中送炭的作用。我们要建设实现大西安的"345"立体综合交通发展体系,并且在已有的 4 条高铁线路的基础上,加速建设更多的城际铁路,紧密联合交公路、铁路、高铁、飞机的全面发展,让市交通系统更加趋向于集结化,让陕西省构成一个良好的交通体系,以便能够很好地满足参赛者和旅游者的出行需要。

5.3 体育特色小镇建设实践

2016 年 9 月,住建部、发改委和财政部共同下发的《关于开展特色小镇培育工作的通知》明确指出:到 2020 年,培育 1 000 个左右各具特色、富有活力的休闲旅游、商贸物流、现代制造、教育科技、传统文化、美丽宜居等特色小镇,引领带动全国小城镇建设,不断提高建设水平和发展质量。

2017 年 5 月,国家体育总局办公厅在正式公布的《关于推动运动休闲特色小镇建设工作的通知》中指出:"2020 年,在全国扶持建设一批体育特征鲜明、文化气息浓厚、产业集聚融合、生态环境良好、惠及人民健康的运动休闲特色小镇;带动小镇所在区域体育、健康及相关产业发展,打造各具特色的运动休闲产业集聚区,形成与当地经济社会相适应、良性互动的运动休闲产业和全民健身发展格局;推动中西部贫困落后地区在整体上提升公共体育服务供给和经济社会发展水平,增加就业岗位和居民收入,推进脱贫攻坚工作。"在建设的开始阶段,有 96 个特色体育小镇已经被选做示范点进行培养和观察。伴随着国家以及各省市有关政策、文件陆续的出台,我国体育特色小镇工作的重点由注重数量的增加转为注重水平的提高,再加上贸易投资的推进,各地体育特色小镇的建设纷纷提上日程,在全国范围内以体育为主题的体育旅游小镇、足球小镇、冰雪小镇等具有一定体育与地方文化特色的特色小镇相继出现。体育特色小镇已经成为我国体育服务行业转型的核心力量。

对于满足群众日益高涨的活动休闲方面的各种需求,推动体育供给侧结构性改革,加速贫困落后地区经济社会文化发展,落实新型城镇化战略,寻找出基层人民健身事业的全面发展的项目,推进健康中国运动休闲特色小镇的建设具备着充足的意义。我们通过建设体育特色小镇,不仅可以带领新的运动休闲风尚,而且可以建设新的运动平台和品牌,这从另一方面也提高了体育产业的服务水平和产品研发的能力。对于发展体育产业市场、吸引长期有效投资,增进镇域活动休闲、旅游、健康等现代服务业良性互动发展,推进产业汇聚并构成辐射带动效应,为城镇经济社会发展增加新的活力也是相当有利的。同时,还可以加速乡镇试点的基础化服务,让乡镇的体育服务争取赶上平均水平,让乡镇的大众健身和健身事业进行深度交融并且有良性的发展。

5.3.1 我国体育特色小镇发展现状

体育小镇的类型主要分为产业型小镇、休闲型小镇、康体型小镇和赛事型小镇四种。产业型小镇主要是通过生产制造来发展的,并且依靠大中城市周边的资源进行休闲运动体验来发展;休闲型小镇主要是结合老年、青年、幼年三个年龄阶级需求并且依靠旅游景区的资源和文化来构建成一个带动多个的特色发展小镇;康体型小镇以养老、保健、食品产业为中心,服务的群体是养生人群、亚健康以及中老年人群,例如瑜伽康复联合旅游项目是印度奥修国际静心村的特色项目,开发出特色的静心住宿在国内外都得到一致的好评;赛事型小镇主要是精心研究赛事的运营项目,通过举办一系列专业的赛事项目来开发小镇,将小镇建设成以运动健身和赛事运营为核心的旅游特色小镇。

据统计,运动休闲体育特色小镇的覆盖省份面是相当多的,许多省份都参与建设体育特色小镇,国家体育总局公布,有29个省份开展了近100个运动休闲特色小镇试点项目。从整体结构上来看,南方要比北方多,而沿海地区的城市要比内陆地区的城市多(以秦岭—淮河为界,北方地区有40个,占41.7%;南方地区有56个,占58.3%)。当地传统产业对体育特色小镇的建设是至关重要的,有近2/3的小镇建设通过这种方式,在这其中新型的产业占比比较低,仅占了1/3,大部分还是以旅游文化、农牧业为主。小镇的发展各具特色,如宝鸡市金台区打造的"太极之·仙道金台"、安徽黄山国际户外运动小镇、上海崇明体育旅游特色小镇、绍兴的柯桥"酷玩小镇"等,都是围绕"体育+旅游",即通过体育和旅游线结合的主题模式来建设一个休闲型体育特色小镇。对于产业型体育特色小镇,它们主要依靠体育用品和设备的生产、建造而形成的,例如在浙江的铜铃山就有着以冰雪运动为主题的小镇;对于康体型体育特色小镇,它们主要依靠自然环境,引入养生、体育、休闲旅游等多种产业元素,打造兼具活动休闲、健康调理、生态旅游及度假等功能,例如在吉林有着以中医药物为主题的健康旅游特色小镇;对于地域赛事型体育特色小镇,它们是依托重大赛事举办及赛事产业元素与资本的聚集与升级来大力开发的。

2016年9月,由江苏省建设的8个体育健康特色小镇,联合企业的总投资已经超过100亿元,这8个体育小镇约有一半的投资方都具备互联网技术背景,这足以体现"互联网+"在这里的重要地位。投资方与所在县(市、区)政府签署了共建协议,采用政府和社会资本合作模式进行建设,推动"体育+旅游""体育+互联网""体育+科技"方面的发展。但是,我们不得不注意的是,目前我国体育特色小镇的建设还处在萌芽阶段,需要不断地探索和总结探索过程中的经验,还应该保持精神层面的高度集中,进一步加强这一方面的研究工作。

5.3.2 北京冬奥会

2015年7月31日,北京联合张家口获得了2022年第24届冬季奥林匹克运动会(简称"冬奥会")的举办权,这次冬奥会的成功申报将给我国的冰雪运动带来新的热潮和长足的发展。与此同时,中共中央办公厅、国务院办公厅也印发了《关于以2022年北京冬奥会为契机大力发展冰雪运动的意见》。我国冰雪运动的热情在全国各地都体现了出来,各地政府和企业都在建设有关冰雪运动的场地,冰雪运动在我国引起了一股新的浪潮。

在冰雪运动方面,我国的劣势还是十分明显的。就群众性冰雪运动而言,雪场大都集中在东北、华北和西北地区,总体数量不多,只有700多个。另外,大多数雪场还存在着很多缺陷,不仅规模不大、功能不全,而且最重要的是雪期太短,这样远远不能满足人们的需求。另外,我们的群众性冰雪赛事活动实在少得可怜,薄弱的冰雪文化基础以及宣传力度也使得国民对许多冰雪赛事活动仅限于略知一二的程度,根本没有参与其中的机会。就目前来讲,我国确实称得上竞技运动强国,但是在冰雪竞技运动方面,还存在很大的不足,与世界冰雪竞技运动强国之间还存在很大的差距。从参赛成绩来看,最近十年我国很多冰雪竞技项目在国际大赛中的名次都在十几名上下浮动;从参赛项目来看,我国在索契冬奥会运动项目中的参赛率只有50%,平昌冬奥会也差不多,只有52%;另外,我国的优势项目太少,对相关项目的了解不是很透彻,训练方法也不是很成熟。此外,我国冰雪产业虽然近期的发展速度很快,但是起步太晚,还没有占领一定的市场。除此之外,我国青少年对冰雪运动的了解还是太少了,必须加强冰雪运动进入校园的力度,提高普通国民关于冰雪运动的普及程度。毫无疑问,2022年北京冬奥会将是我国促进冰雪运动发展的重要时期。

习近平总书记强调,北京冬奥会的申办对于我国来说是具有重要意义,要让更多的人民大众参与进来,让他们通过冰雪运动的方式来达到全民健身的目的。这样会让更多的人喜欢上冰雪运动,从而参加到冰雪运动中去,进而推进我国冰雪运动的发展。提升冰雪运动的普及度,同时加深国民对冰雪运动的认识。这对于推动我国体育事业的发展,提升国民的综合素质具有十分重大的意义。

体育特色小镇就是在这个新时期下由体育产业所衍生出的以冬奥会为背景且具有极大推动冰雪旅游产业发展潜能的新载体。除此之外,对于我国推进现代化城镇建设,达成城乡一体化发展,增进供给侧结构性改革,体育小镇是相当重要的战略措施。国家体育总局办公厅《关于推动运动休闲特色小镇建设工作的通知》指出,在体育运动休闲、健康发展、文娱文化、旅行游玩、养老、教育培训等方面,体育运动休闲特色小镇都是可以满足的。毫不夸张地说,运动特色休闲小镇是将这多种功能集结于一身的健身发展基地和体育产业平台。和普通特色小镇相比,运动休闲特色小镇最主要的是引入了特色活动休闲项目,它将传统的特色小镇与体育产业相融合,目标是打造具备区域特质的体育文化中心。

5.3.3 陕西省体育特色小镇建设实践

当下,体育小镇对于我国来说是体育产业比较重要的形式之一,让体育休闲产业从传统固守的模式中解放出来,成为新型的集健身、休闲、旅游为一体的产业结构。不论是国家还是地方都在紧密地结合当地的特色,建设各式各样的符合当地特色的小镇。但是,就目前来说,体育特色小镇的建设依旧处在探索开发过程,各方面还不是十分成熟。我们要在体育特色小镇建设的探索中,学会利用自身丰富的旅游资源,在依靠景区客流量的前提下,在创新体育类项目和设施带动小镇建设的同时,将体育产业融合成新城区来建设。要让参与进来的企业依靠自己存在的资源优势,积极开发与体育有关的创新主题项目,通过资源优势和体育创新来促进体育和旅游等产业的交融。目前,集聚资源、组合项目、创新驱动,实现企业成长和体育小镇经济的可持续发展是我们面临的一个新课题。体育产业与其他产业融合,实现以企业为主体、政府做服务的发展模式,政府负责小镇的定位、规划、基础设施和审批服务,引进民营企业建设体育特色小镇;而特色小镇项目建设要以体育产业链的整合为主,利用各种资源,突破原有的项目推进和开发时序,将后期导入前期,在进行规划设计的同时,引入后期的建造、营销、管理、服务和投融资等资源。

柞水县在开发秦岭自然资源方面起了很好的领头羊作用。该县的秦岭体育旅游小镇不仅规划全面而且很上档次。除此之外,在发挥地域优势方面,延安也不甘示弱,建设了国内最大的城市滑雪场,目前已经投入运营。这个滑雪场是为了举办国内各项大众滑雪比赛以及国际越野短距离比赛而修建的,最大的滑雪场符合体育特色小镇的建设并且带动了当地的经济发展。同时,这个最大的城市滑雪场还面向大众提供周边的健身娱乐服务。这具有一个明显的优势,那就是可以带动延安的体育消费并且可以丰富延安的冬季游玩目的地。当然,不仅仅是这两个地方,陕西省各地都在利用当地的自然、旅游文化资源,投入大量的人力、财力,竭尽全力促进旅游、体育等相关产业的发展。据了解,2022北京冬奥会使得陕西省冰雪运动开展热情逐年升温,目前陕西省已建成的大大小小、设施齐全的滑雪场有30多个。可以预见到,未来将会有多种形式的项目进入小镇,这些都是陕西省建设体育特色小镇不可缺少的关键所在。

5.4 "互联网+"应用对体育文化产业的影响

2015年3月,李克强总理在政府工作报告中提出,要"制定"互联网+"行动计划,推动移动互联网、云计算、大数据、物联网等与现代制造业结合,促进电子商务、工业互联网和互联网金融(ITFIN)健康发展,引导互联网企业拓展国际市场。"互联网+"这种新的经济形态不仅可以激励体育活动与健康生活更好交融,而且可以推进全民运动的新潮,变成全新的经济增长点来引领体育产业的升级。

5.4.1 增强宣传力度和拓宽招商引资渠道

媒体传播推广是提升产品影响力的必要手段。要想在极短的时间内提高体育特色小镇的市场成熟度和知名度,必须要产生"一传十、十传百"的宣传推行效应，这可以充分利用新媒体时代的 QQ、微信、微博等手段。

互联网的另一个有效作用就是给体育特色小镇拓宽投资渠道，同时，让投资方对体育特色小镇从根本上充分了解，让政府和投资企业之间没有隔阂，打开沟通信任的大门。例如成都的足球小镇就充分利用互联网系列平台的搭建让大众更好地了解足球小镇的情况，从而有效提高小镇的知名度，进而进行大规模的宣传来吸引国内企业进行投资。2017 年 6 月，"葛仙山运动休闲小镇"这个集活动休闲为一体的项目建设通过莱茵体育联手其他社会资本方在彭州投资所完成。这个项目有效结合了互联网的快捷性和高效性，在网上利用各种直播平台宣传葛仙山的足球文化，不仅吸引了公众的广泛关注，让这里成为网红景点，而且加快了葛仙山对外招商引资的速度。

5.4.2 提升运营管理的水平

云计算、大数据的重点是挖掘有价值的数据，数据通过整合分析后成为对企业管理者有价值的资源。通过有效的方式预估客流量、搜集用户反馈信息，从而有针对性地提升运营管理水平。云计算和大数据可以很好地帮助建设以运动项目为主要依托的休闲型体育小镇。例如美国新罕布什尔州的滑雪胜地 Ragged Mountain 就是通过大数据和云计算的方式来预估游客的流量以及会出现的各种情况，搜集数据进行网络层面的搭建。事实上，Ragged Mountain 以前经常出现资源过剩或紧缺状况的情况，而通过云计算平台的方式进行了有效的管理后，缓解了这种不利局面。在滑雪服务的过程中，滑雪的用户可以去咨询初级滑雪课程，还可以通过部分操作了解有关滑雪装备产品的打折信息，不仅让参与者享受便利、快捷、杰出的服务体验，而且可以联动商家，实现资本共赢。赛事型特色小镇的建设也有更大的舞台进行发挥，大数据可以通过预估比赛期间的人流量，有效监测和把持人流量的安全问题。在这期间也会监测比赛中的天气、交通情况，构建一个安全和谐的赛事。将用户平常户外锻炼的时间、运动的程度及运动的频次、运动损耗能量数据上传到云端进行分析建议，以一种科学合理的方式来指导人们健康生活和健身活动。这些方式都可以通过智能手环、计步器等智能设备来进行运动健康管理，这种模式也让医疗资源和运动健康相结合，这是康体型体育小镇核心的模式。这种健康模式与互联网进行融合，将会建设出一条更具特色的体育产业服务链。

5.4.3 "互联网+"在体育特色小镇的实际应用

当今世界，互联网技术迅猛发展，无时无刻不与人们的生活进行交互，在宣传推行、小镇科学定位、整合资源、科学运营和规范管理等方面都成为体育小镇建设不可或缺的技术力量。虽然互联网发展得很迅速,但是互联网技术不是万能的,自身也存在着很多问题,不但需要国家策略的有效支持和干预,同时要在充分考虑我国国情的情况下,充分结合实际问题进行体育小镇的建设,正确认识互联网在体育小镇建设中的作用,从而推动体育小镇的蓬勃发展。体育产业的各个领域将和互联网的创新成果相融合,推进体育产业有关技术进步、功效提升和组织变革,提升体育产业的生产和创新能力。互联网体育时代才刚刚开启,随着技术的不断进步,互联网在体育产业各个领域将得到更加广泛的应用,互联网体育将会出现新的商业形态。

体育特色小镇专属 APP 作为一种重要的传播信息方式,可以集中推送体育小镇各式各样的信息,不仅可以让客户不需要出门也能够了解体育小镇的实质内容,还可以通过网站来了解体育小镇业务,体验体育小镇更好的线上、线下服务。

体育特色小镇当前存在产业简单、上下游联动产业短缺、产业链不完整等问题,需要从科学研究规划、整体资源整合进而形成一种新的形式。"互联网＋"方式可以提供解决思路,在加宽吸引投资渠道、加强宣传特色发挥、加大体育运营力度方面,对体育特色小镇的设计起着不可忽视的作用。在体育特色小镇的发展过程中,我们应该充分利用互联网技术来进行特色的定制化服务,加强互联网的宣传功效和资源整合。

5.5 陕西省体育文化产业发展策略

陕西省应该积极响应国家政策号召,加速推行丝绸之路的建设,对西部总体进行开发的时机也要把握住,联合这两个战略时机,不断加大其规模,然后达到全民健身的国家级战略。加大全民健身的践诺力度,根本目标是加强人民体质,升高总体健康程度,不断保持全面深化改革、解放思想、开拓创新、激发活力,充分发挥市场在资源调度方面的重要性特质,从而加速形成具有更加稳定且有效竞争的格局。我们要从根本上来形成制度体制完整,基础服务完善的体育产业系统,到 2025 年要争取做到关于体育设施和服务产业完备化,从而让大众的消费能力得到一个上升的态势,产业带动消费的能力显著提高,要让体育产业的发展成为推动社会经济可持续发展的中坚力量。

5.5.1 加快创新制度供给

第一步是对运动休闲特色小镇的总体规划、产业定位、产业融合模式与路径、建设标准、投融资模式进行系统性、全局性的指导与规划,既要有全局性质的指导文件,又要完善差异性政策的布局。第二步是让各部分利益主体在不损害自身利益的同时,规范化自己的行为、手段和方法,在体育旅游产业交融方面起模范带头作用。第三步是建立公平、合理的小镇内体育旅游产业利益分配制度,以保证不同产业间的利益主体公平获得利益分配;在财政上,政府联合体育社会团体、体育基金会以及社会资本成立特色小镇专项支持资金;在建设与运营阶段,采取减税或者免税的方式,降低商业银行对体育小镇的贷款门槛,让各个企业和运营商体验到商业银行给他们的资金支持。在小镇营销阶段,形成运动休闲特色小镇运营平台,以提供信息咨询、商务合作、IP 资源等支持。在活力和灵活度方面,体制机制也有着很大的提高,与机制有关的政策法规系统也更加完整,标准体系科学达到完善合理,监管机制的制定以及监管部门的工作也与之更加高效化和规范化,市场总体诚信自律。

5.5.2 推进体制机制改革

进一步加快政府职能的转变。简化政策放松权能,当局应该在规划、政策、标准引导方面增加输入,在一些微观事务管理方面减少输入,创新创造服务方式的优化和管理,要尽量全面的发挥市场的监察职能。营造有序竞争、平等参与、互助共赢的市场环境。政府需要取消不合理的行政审批事项,取消对商业性和群众性体育赛事的活动审批,对于一切不利于体育发展的相关规定要全部撤废,并且加大力度积极促成有关活动的举行。政府应该加大吸引社会资本承办赛事的力度,加速体育赛事管理方案的变革,公正公开的办目录,有效地发挥市场机制的作用。政府有关部门要积极为举办各类赛事活动提供保障和援助,充分发挥政府的作用。政府需要加速各部分体育协会与体育有关的行政部门的分离,做到让政治和企业分开的管理手段,赋予他们更多的自我选择的权利,激活其具有的活力和能力,把所有通过体育社会组织提供的大众服务,体育社会组织将会一并处理。

推进职业体育体制改革。要不断地完善职业体育政策,同时加速提高有关举措,对教练员、运动员严格要求,让他们面向职业化发展。扩大职业联盟的发展规模并且增加职业体育在社会中的关注度。按照现有的企业的规章制度去创办各种类型的体育职业俱乐部,国家起带头作用来进行试点工程,参与并且举行全国性职业体育联赛,逐步积累相关经验,提升专业化水平。

为了给体育建设注入更大的活力,应该加大力度推行体育场馆的运营机制和管理体制,让更多的社会力量在体育场馆的建设和运营管理方面提供有效的参与度。依照当代企业的运营制度创建更具专业水准的运营公司,从社会上汲取更多的专业的体育场馆运营、管理、维护人才,提升现有体育场馆的运营水平。要从总体上去衡量赛事功能的需求与比赛后的利用,推动场馆设计、建设、运营管理一体化进程,要充分地体现出体育场馆及体育设施的社会、经济和文化效益。

5.5.3 培育产业主体

扩大社会力量在体育产业中的参与程度。如果要提高体育产业对社会资本吸引力度,必须要通过改善市场环境,完善政策策略,加速人才、资本等关键要素流动。我们要在大众参与体育产业的条件下发展更具有创造性、层次性的体育协会,通过在服务、产品以及场馆建设等方面良好的进行运营,从而加速体育产业行业协会的建设和发展。

引领各个体育企业做强做精,加大对相关企业的扶持力度。支持省体育产业集团加快发展,充分发挥其发展潜能,使其做大做强。积极鼓励其他社会主体以土地、房产等资产出资,参与体育产业园区的建设发展。要从根本上推动秦岭山地体育产业经济圈、朱雀体育产业园区、蒲城航空体育产业园区、杨凌水上运动体育产业园区等园区建设。我们要让本土的体育企业享受到更多的福利和政策的支持,并且让国内外著名企业来陕西省进行研发生产,也会给本土企业带来更多的经验,园区建设会带动政府对本土以体育产业的扶持程度。让园区在符合条件的市或者区进行优先建设,通过符合自己本地特色的需要来发展各地特色的体育产业。

组建体育产业的发展联盟。要以省体育产业集团的代表为模版,吸收并且汇集有关企业和研发机构,构建陕西体育产业发展联盟,增强产业共同研究,齐心协力的开发市场,提高产业创新能力。打造体育贸易展示平台。要发挥陕省的地域优势,在西部大开发和丝绸之路经济带的得天独厚的条件下,要利用有效的平台去策划各种体育产品博览会、体育旅游交流会、体育服务推荐会等一系列符合特色的贸易展示平台。加强对健身休闲、场馆服务、体育培训、竞赛表演、体育旅游、体育用品制造与销售等及其相关产业的管理,同时促进上述产业的发展,使产业门类更加健全,体育服务业在整个体育产业中的比重有着明显的提高。

5.5.4 优化产业布局和结构

优化产业布局和结构首先要先开发大城市的体育产业的建设,通过大城市带动中城市、中城市带动小城市、小城市带动乡镇的战略布局,从而形成全方位的体育产业的建设。要通过发挥大中城市所具备的映射带动功用,加速全省体育产业的迅猛发展。要充分发展保有地域特色的体育产业,就必须支撑关中、陕南、陕北地区的特殊自然资源和人文资源。

通过产业结构的优化布局,发展体育竞赛、体育服务、体育休闲等多位一体的方式来建设一批具有示范性的场馆和俱乐部。不仅要建设我们自己的体育用品制造业品牌,也要建立起体育产业技术创新战略联盟体系,提升产品的科技含量,要通过技术创新的方式来改善我们的产业结构。

加大对潜力产业的关注程度和扶持力度。要通过加快发展潜力大、受众普遍、关注度高、市场空间大的运动项目,例如足球、篮球、羽毛球、乒乓球、武术、网球等运动的兴起来推进有关体育产业发展。同时,要注重拟定足球项目长时间的发展设计,打造一支具有一定影响力、竞争力的中超(中甲)球队,激励人民大众的足球消费后劲以及有关市场的能力。

加大加快公共体育基础设施建设,使人均公共体育器材占有率显著提升。力争在较短的时间内使陕西省人均体育场地面积达到 2 平方米,体育设施使用率大幅度提高。国民加强了体育产品的使用意识和消费意识,在购买体育用品的人均支出有显著性的提高,并且参加更高频次的体育运动群体人数达到 1 500 万人,全民都能享受到体育的大众服务,其中覆盖的范围更广、更加可靠,促进全民健身。

第6章 陕西省"VR+产业"发展研究

6.1 虚拟现实(VR)产业发展现状

6.1.1 国外虚拟现实产业发展情况

早在20世纪90年代,就已经有3D游戏上市,虚拟现实在当时也引发了类似于当前的关注度。例如,游戏方面有Virtuality的虚拟现实游戏系统和任天堂的Virtual Boy游戏机,电影方面有《异度空间》《时空悍将》和《捍卫机密》,书籍方面有《雪崩》和《桃色机密》。但是,当时的虚拟现实技术没有跟上媒体不切合实际的想象。例如,3D游戏画质较差,价格高,时间延迟,设备计算能力不足等。最终,这些产品以失败告终,因为消费者对这些技术并不满意,所以第一次虚拟现实热潮就此消退。

2014年,Facebook以20亿美元收购Oculus后,类似的虚拟现实热再次袭来。在过去的几年里,虚拟现实/增强现实领域共进行了225笔风险投资,投资额达到了35亿美元。Digi-Capital数据(2015年12月)显示,过去12个月各企业在虚拟现实/增强现实领域的投资,其投资额已突破10亿美元。而根据CBInsights的统计,2014年全球虚拟现实公司的风险融资额高达7.75亿美元,同比增长超过100%。与20世纪90年代的失败相比,当前计算机的运算能力足够强大,足以用于渲染虚拟现实世界。同时,手机的性能得到大幅提升。总之,当前的技术已经解决了20世纪90年代的许多局限。也正因如此,一些大型科技公司逐步参与其中。

Oculus公司仍在继续研发触觉、视觉显示、音频和追踪等方面的技术。这意味着2016年发布的虚拟现实/增强现实产品将开始解决上述问题,并且在未来三到五年里还会持续改善。目前虚拟现实行业仍处于起步阶段,供应链及配套还不成熟,但是发展前景引人想象,预计未来市场潜力巨大。按照Digi-Capital预测,虚拟现实/增强现实硬件和软件市场潜力将达到1 500亿美元规模,预计未来5年复合增长率超过100%。而据游戏行业分析公司 Superdata 预测,到2017年底将会卖出7000万台虚拟现实头显,带来88亿美元的虚拟现实硬件盈利和61亿美元的虚拟现实软件盈利。根据 TrendForce 的最新预测,2016年虚拟现实的市场总价值将会接近67亿美元。到2020年,如果苹果加入,其价值可能会高达700亿元美金。从各咨询研究机构预测数据来看,虚拟现实/增强现实未来五年将实现超高速增长。

6.1.2 我国虚拟现实产业发展情况

根据《国家中长期科学和技术发展规划纲要(2006—2020)》的内容,虚拟现实技术属于前沿技术中信息技术部分三大技术之一,重点研究电子学、心理学、控制学、计算机图形学、数据库设计、实时分布系统和多媒体技术等多学科融合的技术,研究医学、娱乐、艺术与教育、军事及工业制造管理等多个相关领域的虚拟现实技术和系统。

我国从20世纪90年代起开始重视虚拟现实技术的研究和应用,由于技术和成本的限制,主要应用对象为军用和高档商用,适用于普通消费者的产品近年来才随着芯片、显示、人机交互技术的发展,逐步进入市场。

我国虚拟现实企业主要分为两大类型。一种是成熟行业依据传统软硬件或内容优势向虚拟现实领域渗透。其中智能手机及其他硬件厂商大多从硬件布局。比如,联想与蚁视合作研发的便携式设备乐檬蚁视虚拟现实眼镜;魅族与拓视科技开展合作,推出手机虚拟现实头盔。而游戏、动漫制作厂商或视频发布平台,大多从软件和内容层面切入。爱奇艺宣布曾发布一款非商用的虚拟现实应用,目前已经和一些虚拟现实厂商作了初步适配,优酷土豆集团董事长兼 CEO 古永锵在首届开放生态大会上宣布将正式启动虚拟现实内容的制作。另一种是新型虚拟现实产业公司,包括生态型平台型公司和初创型公司。该类型企业在硬件、平台、内容、生态等领域进行一系列布局,以互联网厂商为领头羊。如腾讯、暴风科技、乐视网等。2017年中国虚拟现实行业市场规模为70亿元,2018年达到150亿元,2020年国内市场规模预计超过550亿元,我国虚拟现实产业正在高速发展中。

6.1.3 陕西省虚拟现实产业发展情况

AR、VR 准确地说,它们统称为虚拟现实产业,有着广阔的市场前景。利用人才文化和旅游资源优势,陕西省一批虚拟现实企业快速成长,从而带动数字经济蓬勃兴起。虚拟现实技术在军事、石油、医疗、房地产、游戏娱乐、教育文化等领域实现初步应用。在本土企业的参与和支持下,世界增强现实亚洲博览会连续两年在西安举行。目前,国际增强现实产业基地已正式落户西安高新区。截至2018年5月,全国从事虚拟现实产业的企业数量近1 050家,其中陕西省企业130多家,主要集中在西安,发展处于全国中上游水平。

陕西AR、VR产业联盟副秘书长杨波:"我们现在的目标就是让大家抱团取暖,相对西安整体的产业发展来说,总体项目偏前期,最大的优势就是和西安本地的优质的文化旅游资源做一个结合,AR、VR技术不管是在文博还是旅游方面的落地性是非常强的。"面对陕西省虚拟现实产业虽然蓬勃发展,但整体较薄弱、缺乏产业支撑、发展后劲不足等现实,陕西省充分发挥人才、科研和资源等优势,建立AR、VR产业基地,聚集上下游企业形成产业集群。同时,提供政策支持,努力形成一批具有国际先进水平的人才团队,构建从技术开发、产品设计、内容制作、渠道建设、质量检验到售后服务一条龙的产业体系和生态圈。

6.2 陕西省"VR+产业"发展的关键问题

6.2.1 虚拟现实的技术瓶颈问题

虚拟现实技术是一门年轻的科学技术,虽然在许多领域的实际应用已相当成熟,但总体来说它仍然处于初级发展阶段,尚存在不少有待解决的问题。虚拟现实技术得以发展的原因之一在于它充分利用了现在已经成熟的科技成果。如计算机为其提供了实时的硬件平台,显示设备利用了电视与摄像机的显示技术,而虚拟现实技术的软件则以CAD和计算机图形技术为基础,所以虚拟现实技术发展较为迅速,但同时也依赖着其他相关技术的发展。正是限于当前科技的发展水平,虚拟现实技术的发展状况离人们心目中追求的目标尚有较大的差距,在沉浸性、交互性等方面都需进一步改进与完善。虚拟现实技术在现实中的应用局限性较大,主要表现在以下几个方面。

(1)软硬件技术的局限性

一是相关设备普遍存在使用不方便、效果不佳等情况,难以达到虚拟现实系统的要求。如计算机的处理速度还不能满足在虚拟世界中巨大数据量处理实时性的需要。对数据存储能力也不足,如我国首位女虚拟人在2017年存储的数据总量就已经达到了149.7GB。

二是硬件设备品种有待进一步扩展。在改进现有设备的同时,应该加快新的设备的研制工作。同时,针对不同的领域要开发能满足应用要求的特殊硬件设备。

三是虚拟现实系统应用的相关设备价格比较昂贵且局限性很大。如建设洞穴状自动虚拟系统(Cave Automatic Virtual Environment,CAVE)的投资达百万以上,一个头盔式显示器加主机一般成本就需上万元等。在一些专业领域,如军事航空航天,昂贵的价格可以承受,但对于普通消费级市场来说,还是让人望而却步。

四是目前大多数虚拟现实软件普遍存在语言专业性较强、通用性较差、易用性差等问题。同时,硬件设备的诸多局限使得软件开发费用也十分巨大,并且软件所能实现的效果受到时间和空间的影响较大。很多算法及相关理论也不成熟,如在新型传感和感知机理,几何与物理建模新方法,基于嗅觉、味觉的相关理论与技术,高性能计算,特别是高速图形图像处理,以及人工智能、心理学、社会学等方面都有许多挑战性的问题有待解决。

五是烦琐的三维建模技术有待进一步突破。给予图形的虚拟环境首先要解决的问题是三维造型。当图形渲染技术在向实现真实感大踏步的时候,生成精确三维模型的过程还是相对困难,技术有待进一步突破。即使三维激光扫描技术简化了模型构建过程,但这些自动化模型获取方法并不能满足我们的全部需要,大部分模型仍需要高水平的专业人士人工绘制,不仅延长了制作的周期,也使得费用成本急剧攀升。

六是大数据融合处理有待进一步整合。虚拟现实要想得到较大的发展,需要与互联网进一步结合,目前虚拟现实应用的数据量非常巨大,而整体网络的速度相对较慢,而且分布不均衡,使得效果大打折扣。我们需要在虚拟现实系统中考虑数据压缩的问题,该问题不可回避,而且应引起人们高度的重视。

(2)应用的局限性

从应用上来说,现阶段虚拟现实技术主要应用在军事领域和高校科研方面,在教育领域、工业领域的应用还远远不够,有待进一步加强。未来的发展应努力向民用方向发展,并在不同行业发挥作用。

(3)效果的局限性

虚拟环境的可信性是指创建的虚拟环境需符合人的理解和经验,包括有物理真实感、时间真实感、行为真实感等。具体表现在以下几个方面:一是虚拟世界的表示侧重几何表示,缺乏逼真的物理、行为模型;二是在虚拟世界的感知方面,有关视觉合成研究多,听觉、触觉(力觉)关注较少,真实性与实时性不足,基于嗅觉、味觉的设备还没有成熟及商品化;三是在与虚拟世界的交互中,自然交互性不够,在语音识别等人工智能方面的效果还远不能令人满意。

6.2.2 虚拟现实的高层次技术人才问题

(1)陕西VR产业仍在摸索阶段,亟缺复合型专业人才

正在起步期的陕西VR产业,单以绝对人数来看,并不缺乏VR从业者,但高质量、专业的VR人才的储备不完善。当前很多VR人才都是为了业务发展需求而从企业其他部门抽调而来的,同时,产业生态建设和产业链部分环节的缺失,成了限制产业发展的一大重要因素。

VR的核心技术主要涉及图形图像、输入算法、交互、光学等尖端领域,对于人才的要求近乎严苛。在这个复合度极高的领域里,能专攻某一领域的专业人才本身就很少,能综合性地扎根VR就更加凤毛麟角。然而,当前VR开发人员大多是从游戏、动漫、3D仿真、模型等行业转型而来的,由于行业技术间的差异性,人才很难快速融入VR领域。

(2)陕西VR产业生态系统缺失,导致销售人员占比高

陕西VR产业一方面迅速爆发,在短期内资本大量注入,商业展示、线下体验店等多种形式的商业化进程遍地开花,另一方面又缺乏足够成熟的产业生态体系支持长期发展。众多的VR线下体验店基本主打单一内容体验,盈利来源于消费者对于VR的好奇心。但单一化的内容体验能够持续多久,或许是商家最难预判的。因此,商家更需要的是内容提供商在内容差异化上做出更多创新,这样才能让其商业模式得到可持续发展。

从工作职能上分析,陕西市场在VR商业类展示及情景体验等方面初步展现商机,使得一些企业在VR应用软件和内容缺乏,甚至硬件功能尚不完善的情况下,依靠销售来迅速拓展眼前的商业机会,但这或许并不利于VR产业

的长期发展。

(3)陕西VR人才需求量爆发式发展的同时泡沫激增

陕西省内很多大型IT企业向VR人才抛出了高薪的橄榄枝,但由于与先进技术的差距等核心因素,企业依然难觅专业的复合型VR人才,取而代之的是从其他软硬件开发部门借调人员,临时跟风拼凑起VR业务部门。另外,更多具备VR相关资源的人士,选择自己登上VR舞台。通过与国外院校的华裔教授或校友合作,他们将某一先进技术引进,单枪匹马地撬动国内产业。但产业链的割裂局面让一些厂商只专注于做硬件,另一些只聚焦于内容,缺乏协同的产业生态环境。

6.3 陕西省"VR+产业"发展的规律与模式

6.3.1 陕西省"VR+产业"发展的规律

VR产业作为具有潜在市场大、带动能力强、吸收就业多、综合效益好等各大功能的高新技术产业,被认为是技术先进、增长较快、市场潜力巨大、社会功能突出的国家战略型产业,也即未来的支柱产业。VR产业是产业更替过程中处于孕育期、发展初期和成长期的产业形态;VR产业是能够为全社会提供新的生产手段并产生广泛的关联效应,提高经济和社会整体效率的产业。VR产业发展满足下述发展规律。

(1)产业聚集与产业延伸是VR产业走向成熟不可缺少的环节

合理的产业空间布局是VR产业发展的有效载体,VR产业的发展不仅需要自身的发展,还需要一系列配套产业和政府政策的支持,从相关行业的发展到税收、投资、服务等多方面予以优惠,需要VR产业有效集中,从而实现VR产业在地理、资金、人力资本等方面的群集,形成产业簇群,这是现今国家和地区扶持VR产业发展的普遍做法。同时,产业集聚也便于政府的集中管理,形成集群效应。

陕西在发展VR产业的过程中,围绕VR高新技术。2016年5月,2016ARi中国增强现实创新大赛在西安高新区开赛,并成立中国AR/VR产业投资基金;成立"中国·西安增强现实与虚拟现实产业联盟"及"中国·西安

AR/虚拟现实专业孵化器",有效缩短了技术溢出的空间距离,为科技成果的转化提供了便利。同时,吸引大量生产性服务业向陕西西安集中,为VR产业发展提供了良好的配套服务。

(2)需求和市场决定了VR产业的发展方向和技术方向

就VR产业技术进化的途径看,不同的市场需求会导致VR产业技术发展侧重点不同,进而衍生出不同的技术发展路径。在移动互联网发展初期,欧美国家将这一产业定位于高端商务人士,市场需求以商务应用为主,更偏重安全性和邮件收发等功能。而日、韩则将其定位于大众消费,市场需求以娱乐为主。不同的发展方向导致二者发展模式的不同,欧美国家注重商务应用的便利,而日、韩则更注重界面的娱乐功能,从而带动了JAVA、音质、蓝牙等技术的发展。

而对于VR技术而言,其本身的"全景观看"概念可以算是吸引大批用户关注的主要原因。从书籍到广播再到电视电脑,在漫长的历史发展中人类对具有更强表达力与沉浸性的画面展现形式一直有着一种与生俱来的诉求。因此,VR技术所带来具有极强沉浸体验的"虚拟世界"概念在短时间内就成功得在全球范围迅速蔓延开来。VR提供沉浸式闭环体验,游戏、视频等对消费者很有吸引力,在大娱乐领域空间尤其明显。虽然VR技术在进步,设备开始普及,但移动性和电池续航等问题尚未解决,VR产业到2025年市场规模将达到800亿美元,仅次于笔记本电脑,如果移动性和电池续航问题均得以解决,市场规模将达到1 820亿美元,远远超过笔记本电脑、平板电脑的业务。

6.3.2 陕西省"VR+产业"发展的模式

目前,陕西省VR商业发展模式主要有四种,分别为生态型、平台型、技术型和产品型(见图6-1)。其中,生态型和平台型公司以行业巨头为主,业务遍及整个VR产业链,投资升值空间大,优胜者长期回报丰厚;技术型和产品型公司以创业型公司为主,迭代迅速,短期营收前景好。

(1)生态型:闭环模式与开源模式各具优势

在闭环模式下,硬件用户规模与应用开发规模相辅相成,目前市场只有Oculus、暴风魔镜等少数巨头厂商有能力搭建完整生态系统,市场培育较慢,但巨头盈利空间大。在开源模式下,第三方软硬件厂商汇集同一平台,建立行业标准,丰富硬件和应用来源,加快产业成熟过程,见表 6-1。

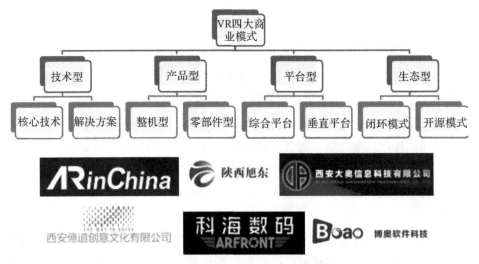

图 6-1　VR 四大商业模式和陕西省代表公司

表 6-1　生态型商业模式的分类

模式	闭环模式	开源模式
特点	以硬件产品为基础建立应用商店和应用开发平台,吸引第三方开发者加入 收入来源包括 VR 设备和外设产品销售收入,应用与内容销售收入,第三方产品销售分成,营销增值服务等	以标准化开源操作系统和开发平台为基础,吸引第三方硬件厂商和应用开发者使用 收入来源包括平台软硬件服务,第三方产品销售分成,营销增值服务等

(2)平台型:VR 内容入口,用户量为根本,用户服务和供应商关系是运营重点

VR 平台通过产品销售和增值服务盈利。优质平台需要解决用户服务和供应商之间关系,比如和内容提供商确立分成关系,帮助独立开发者产品推介产品;提供完善的线上应用商店和便捷的购买支付手段;为供应商提供技术支

持、产品自动更新、网上互动社区等服务。

泛内容综合平台则主要依托硬件设备，面向普通用户。泛内容综合平台和设备厂商合作搭建应用商店或分发平台，针对特定硬件产品；兼容型跨设备跨产品应用商店（Google 跨产品应用模式）提供网上下载与分享社区服务。

垂直平台主要依托内容制作公司，面向特定用户群。垂直平台和内容提供商合作，充当内容产业链的下游渠道；便于开发者和消费者的交流沟通，开放性更强。当前，VR 游戏和视频垂直平台已初见规模。

(3) 产品型：整机市场竞争激烈，硬件外设领域有望取得突破

国内 VR 产品需求量持续旺盛。智能手机、平板电脑、可穿戴智能硬件市场发展迅速，全球占比均在 15% 以上，硬件用户逐渐累积；智能手机产业发展日臻成熟，手机用户在游戏、视频方面的需求有望转化为对于市场的需求。

VR 整机产品竞争激烈，未来市场集中度逐步提高，产品差异化路线是竞争的关键。比如采用创新技术路线，开发 Glyph 视网膜眼镜等；利用开源操作开发平台，提高兼容性等。相比 VR 头戴设备，国内硬件厂商在周边外设产品上更容易取得技术突破，潜力领域包括摄像头组件、输入外设，以及 VR 音响系统等。这是因为硬件厂商对零部件有较强的进口和代工需求，而大部分外设产品可直接面向消费者销售。

(4) 技术型：核心技术公司将逐步与硬件厂商整合，行业应用解决方案是未来市场的领域

显示技术（包括光学系统、余晖处理、视网膜成像、光场摄影等）、感应技术（包括位置传感、重力感应、眼球追踪、场景扫描等）和交互技术（输入外设、手势感应、动作捕捉），三大技术难关是当前 VR 市场发展的核心技术和最大限制，上游核心技术研发公司价值巨大，未来将逐步被硬件厂商整合，行业应用解决方案是当前市场盲点，包括影视制作应用、VR 营销应用、线下乐园应用和其他行业应用。根据 Trendforce 的预测，2020 年 VR 软件类收入达 500 亿美元，远超硬件设备 200 亿美元收入，其中近一半为行业应用软件和解决方案。

6.4 陕西省发展"VR＋产业"的优势与不足

6.4.1 陕西省发展"VR＋产业"的优势

陕西虚拟现实产业主要集聚在西安。西安是全国虚拟现实产业发展的一个重镇,产业发展位居全国中上游水平。目前,聚集虚拟现实企业约57家,以内容制作和行业应用为主,兼有硬件设备、软件开发相关企业,初步形成了以西安金花电子商务为代表的增强现实领军企业,以三角犀数码科技有限公司为代表的VR/AR行业应用产品研发的创业企业,以灵境科技为代表的在VR/AR展示体验应用的行业企业,以及亿道创意、微睿教育、奥科多科技、广域互动等一批在内容及应用表现突出的企业。然而,西安虚拟现实企业规模依然较小,产业整体实力与北京、上海、深圳等发达城市还是有一定差距,但是国内各市虚拟现实产业基本处于同一阶段,西安虚拟现实产业活跃,氛围浓厚,发展优势明显。

(1)产业先机优势

西安成立了全国AR产业协会和联盟,设立了全球第一个AR产业基金,举办了世界增强现实展会(中国)AWE Asia等业界瞩目的产业活动,成为世界增强现实博览会(亚洲)永久总部。当前,西安已经与美国eMagin、韩国UX Factory、AGORA全球创意中心等世界级VR/AR企业建立了联系,具有链接世界一流资源和市场的能力。西安把握住了国内虚拟现实产业先机,正奋力对接虚拟现实产业前沿。

(2)产业基础优势

西安虚拟现实关联产业基础雄厚。西安国家自主创新示范区聚集了5 000多家软件、文化产业,在"硬件＋软件＋内容＋分发＋行业应用"各个产业链环节聚集了三角犀数码、灵境科技、亿道创意等一批草根型、成长型企业,成为推动虚拟现实产业创新的微观主体。西安曲江新区是国家级文化产业示范区、国家级文化和科技融合示范基地,拥有唐风商业、旅游休闲、科教文化和会展商务四大板块,以教育为龙头,影视、动漫、创意、传媒、广告、出版为核心的文化产业高度发达,为虚拟现实产业内容制作和应用提供了基础。

(3)市场应用优势

当前,虚拟现实产业应用处于市场启蒙期,军事、科研是当前虚拟现实产业应用的两大传统阵营,游戏动漫、影视将是未来率先突破的重点领域,文化、旅游、教育将成为持久的蓝海领地。陕西是军工、科技大省,航空航天优势突出,具有先期开启虚拟现实市场的现实基础。陕西是文化资源大省,但因传统文物观光主导型旅游的参与性、观赏性、沉浸性明显不足,严重制约文化旅游发展潜力。推进"虚拟现实+旅游产业"成为立体展现陕西深厚历史文化魅力,激发旅游发展新动能的内在要求。西安高新区、曲江新区已经形成教育培训、影视传媒、动漫游戏、创意文化等优势领域,并孕育出虚拟现实应用项目,迈出了虚拟现实市场应用的坚实步伐。

(4)本土人才优势

西安是全国科教大市,拥有普通高校81所,各类科研机构3 000多家。其中,软件、文化、影视、动漫、旅游等虚拟现实关联产业人才密集,拥有VR/AR产业发展需要的各相关学科基础人才,且人才成本低于同类城市。西安虚拟现实教育培训先行一步,诞生了全国第一部《AR IN CHINA》AR教材。当前,西安高新区、金花投资集团与世界顶级SDK公司已经联合共建世界虚拟现实产业人才培育基地,进一步强化了西安在全国虚拟现实产业人才的优势地位。

6.4.2 陕西省发展"VR+产业"的不足

陕西省发展"VR+产业"的不足,主要表现在以下几个方面:

第一,陕西"VR+产业"链未成型,缺乏核心的零部件、软件等。虚拟现实的核心技术主要集中在传感器、芯片等零部件中。陕西省虚拟现实企业主要从终端设备、内容等产业链中下游环节进行布局,虽有少数企业涉及核心环节,但投入低、规模小,与国外企业相比,竞争力不足。

第二,陕西"VR+产业"整体技术研发不成熟,缺乏核心技术,自主知识产权未成体系。政府和企业对虚拟现实产业发展关注不足,没有建立专业人才培养体系和科研体系,导致专业人才缺乏,科研成果少。同时,版权保护缺乏,产品同质化严重。知识产权拥有者难以通过法律保护自身权益,导致某一个内容项目流行起来后很快就会出现大量抄袭、模仿的内容。产品出现同质化,严重影响了产业的创新发展。同时,创业者不愿将资源投放于内容开发,更倾向于做应用平台,容易引起产业结构畸形发展。

第三,陕西"VR＋产业"的有效呈现对硬件性能要求高,抬高了硬件设备成本,因而产品价格较高。当前,陕西省市场普及面较窄,消费需求未被完全激活。个别企业为尽快布局产业,生产廉价劣质的低端产品,不仅使消费者体验较差,还对整个产业造成伤害。

第四,陕西"VR＋产业"缺乏成型的商业模式。目前,陕西省虚拟现实技术商业化变现的模式主要有两种:一种是企业生产出搭载头盔、眼镜盒子等终端设备的产品,而后线上对体验内容收费;另一种是线下虚拟现实体验馆,顾客单次付费体验,主要是影音和游戏,更多属于产品推广。由于陕西省消费者对平台内容付费的消费意识不强,商业化模式的盈利点少,许多虚拟现实企业生存困难,阻碍了产业创新。

6.5 陕西省"VR＋产业"发展策略

在中国·西安增强现实与虚拟现实产业联盟(由西安市政府牵头,西安市科技局支持指导支持、曲江区管委会具体承办,并由西安文化科技创业城、Realmax集团、可视可觉网络科技有限公司、ARinChina增强现实中国、瀚远科技股份有限公司、西安北大科技园等知名AR/VR公司共同发起参与,涵盖增强现实与虚拟现实产业技术研发、相关内容创作、跨行业应用、外设研发、游戏与影视应用研究、行业人才培养与输送、技术引进及输出等的全产业链合作联盟)的基础上,不断整合及协调国内外产业、社会资源,充分发挥西安地区在增强现实与虚拟现实产业的优势,分工合作、自主经营、优势互补,共同参与技术研究、行业对接、人才培育、市场营销和项目招投标,增强企业竞争力,打造垂直型高新技术产业集群。产业集群将集中各企业、科研机构和高等院校的资源,广泛进行产学研联合,增强企业竞争力,不断提高行业影响力,推动西安地区乃至全国增强现实与虚拟现实产业的发展。

6.5.1 人才培养策略

科技已经渗透到人们生活的方方面面,但科技与教育的融合和改革还有很长的路要走。作为教育大省,陕西在面对教育行业发展的困难与挑战时,只有摒弃阻碍与封闭，选择技术共享与合作共赢，才能够打破行业壁垒，在激烈的竞争中紧跟潮流。

在陕西出台的《关于印发〈陕西省"千人计划"实施办法〉〈陕西省高层次人才特殊支持计划实施办法〉和〈陕西省"三秦学者"创新团队支持计划实施办法〉的通知》各项文件指引下，陕西陆续对全省"千人计划""人才引进支持政策""人才创新创业支持和激励政策""人才事业平台支持政策""人才评价政策""人才服务保障政策"作出了具体响应，并持续进行"千人计划""特支计划""三秦学者"活动的推进工作。该平台的建立，将汇聚海内外智慧，服务创新陕西，进一步整合海内外秦商和陕西高校校友的资源，加快信息流动，扩大校友联络，增强高校学科建设，增进各地秦商机构和高校校友机构的交流合作与服务，大力发展校友经济、推动陕西经济社会发展而搭建的双向交流平台，将努力打造陕西引资引智的"超级媒介"。

为促进VR产业的繁荣发展，实现人才多元化输出，未来我国VR产业应建立起一套由高校、企业、专业培训机构等多种方式组成的人才培养体系，可以采用以下构建策略。

第一，采用校企联动机制，通过校企合作联合培养。在欧美国家，校企合作培养模式已成为VR产业输出人才的支柱模式，美国华盛顿大学的计算机专业就与微软Hololens团队合作，开设了全球首个VR/AR相关课程。校企合作的理想形式是"政、学、企连动，产、学、研结合"，意为从企业派遣专业人员担当教师进行培训，然后学校给合作企业安排实习学生。这一模式对校内知识更新迭代、企业技术支持及时得到补充极为有利，将大大提高校内师生与产业应用的匹配度，加速产业发展。例如，2016年6月28日，清华大学宣布将与网易、AMD联手共建VR实验室。

积极引入行业领军企业参与到实践教学和课程体系中，着力创新教学模式，重视实践操作能力的培养，以VR产业领先企业为主导，联合院校开设VR专业课程，解决VR产业发展对技术型基础人才和高层运营规划人才的中长期需求。与企业合作，推动VR实验室及实训基地建设，构建虚拟现实产业合作平台，通过对接优秀创新课题落地，一方面为企业提供前沿技术解决方案和人才队伍，谋求良性合作，另一方面共同搭建的协同创新育人实训平台为学生实习就业提供了广阔平台。例如，可以在VR购物、VR旅游、VR训练等领域开展项目训练和研究,既为教学与科研提供经验,又促进了数字创意产业界技术和人才交流,通过为产业链上下游协作和配合提供服务,形成硬件、软件和内容协同发展的局面。促进产学研用相结合,培养人才团队,构建从基础研究、技术开发、产品设计、内容制作、渠道建设、质量检验到售后服务一条龙的产业体系与教学体系生态圈。

第二,高校与专业教育培训机构合作,通过整合优质资源联合培养。在专业的高等院校和专门从事VR领域的教育培训机构之间建立长期、互利的合作共赢关系,是解决VR产业人才培养问题的有效途径。

大力扶持社会专业VR培训机构的发展,将有助于缓解我国VR产业人才"重销售轻研发"的失衡现状。同时,由于VR技术迭代快的特性,相关就业人员的定期培训也尤为重要。师资完善的培训机构为VR人才迅速提高技能提供机会,为VR人才保持自身竞争优势提供可能,也是高校培养模式的有效补充。合作单位共同设立可提供实际工作或实践的培养机构,学生可以从中收获实习经验,感知产业前沿趋势,同时获得一定额度的薪资,强化学习动力。

第三,根据VR产业中对数字媒体艺术内容创作应用人才的需求,高校可构建"一个核心,三个结合,两个面向"的人才培养模式。"一个核心"是指创意能力;"三个结合"是指创意设计与技术实现结合、校内教育与校外实践结合、课外活动与专业能力提升结合;"两个面向"是指面向行业应用、面向新媒体应用。按照该模式,从课程与实践教学体系、教学方式方法变革、实践教学组织实施、创意实训平台建设、创意环境营造等方面进行探索。课程与实践教学体系为学生专业知识结构的建构奠定基础,多层次实习实训平台为学生创意设计与技术实现提供环境支撑,多元化课外活动为学生创意思维拓展提供途径,创意创新创业实践为学生创意能力发展提供展示平台,管理与质量监控为学生创意能力培养提供制度保障。

第四,基于VR技术的网络系统集成实验平台建设。VR技术的出现与应用,能够充分解决传统网络系统集成平台存在的问题与不足。通过VR技术,能够在实验过程中模拟高档交换机、路由器等成本高昂的教学设备,并且能够实现仿真网络测试仪等,不仅节约了成本,而且能够大大增强教学效果。基于VR技术的网络系统集成实验平台采用B/S架构,从而适应不同校区学生的远程需求。还可以不分时间、地点,随时进行开放式的实验。在基于VR

技术的网络系统集成实验平台系统界面设计中,采用 ASP 网页设计技术,保证了系统界面的整洁大方。实验项目选择模块设计能够根据学生的不同层次来实现网络模拟实验,包括网络拓扑结构设计、结构化布线、网络互联、WLAN 划分等。利用先进的 VR 技术,不仅能够让学生产生身临其境之感,增加实验的真实性,保证学生获得良好的实验效果,还可以同时完成不同场景的网络逻辑设计与物理设计。

在仿真测试的过程中,同学可以通过模拟真实实验仪器来进行实验,通过 VR 技术的模拟仪器功能,测试各种可能会遇到的问题和方法,这样的模拟测试能够有效地提高学生的操作性,进一步帮助学生掌握贵重仪器的使用方法以及故障处理方法,从而不断地增强学生的动手操作能力和学习能力。通过对于实验结果的及时反馈,能够有效地帮助学生完成实习报告,并且将各项实验成绩进行及时的反馈,帮助学生有效地掌握自身的不足。

第五,努力构建全新 VR＋AI 课堂交互体验系统,让学生与老师能够通过 VR 课堂加强在课堂上的互动,老师能够随时掌控学生的学习动态,学生学习的主动性也得以提高,实现更简单、更快乐、更高效的学习。加强在课堂能够提供专门的语音识别功能,在 VR 场景中,独有完全沉浸式的语音体验,提高学生学习效率,提升老师的教学质量。VR 教育的潜力在于体验者对场景的记忆,VR 不需要强制性地去"学习"和"理解",它只需要去"感受"、去"体验"。当学习者需要那些知识的时候,记忆就可以随时唤起这些"感受"和"体验"。

在体验学习者需要课堂交互体验系统中,不论什么样的课程,都可以通过开发相应的 VR 场景来进行学习,只要借助 VR 场景来进行学习和操作就可以达到一定的学习目的。例如对语言交互要求较高的英语课而言 VR＋AI 课堂通过 VR 和 AI 的结合创新,设置专门的 VR 语言模拟考试训练场景,能让学生不仅可以听看读,更可以在虚拟现实环境中,通过语音对话形式让学习变得身临其境,如果回答错误,则系统会进行提示和知识点巩固,直到学生回答正确为止,更有利于知识点的学习和消化,提高学生语言学习能力和效率。在将来,教师会变成一个创造情景的职业,而不是枯燥的传递知识。老师们创造和选择场景,让学生们自己去探索,每个学生都会探索不一样的东西。

第六,构建"开放式项目教学、师生互动"的 VR＋实训平台。VR＋实训教学的实施必须依赖于相应的虚拟环境,在虚拟环境中有学习所需的各种虚拟资源。VR+实训教学环境是指借助于多媒体(音频、视频、图像)技术、虚拟仿真技术、传感技术、输入输出技术构建一种高度虚拟现实仿真的实训教学环境,使学习者体验置身其中的感觉,能够实现互动实验实训教学,能最大限度地激发学生的自主实验实训的兴趣,有助于发展学生的构建思维,提升教学效果。在虚拟环境中,需要具备一个场景环境模型,实训者与环境中的虚拟对象或实体相互交互和相互影响。虚拟实训场景环境的创建要以真实实训环境为原型,对其进行模拟和仿真,场景环境中的景物与实训室仪器设备都要和真实环境中保持一致,并且为了突出教学效果,还需要利用技术的手段,对于真实环境中无法感觉到或者难于理解的内容进行优化。

VR+实训平台部分主要包括虚拟平台、教学资源模块、学习交流模块、虚拟实验实训模块、分析决策模块、评价反馈模块六个部分。虚拟平台能利用多媒体(音频、视频、图像)技术、虚拟仿真技术、传感技术、输入输出技术将现实的实验实训仪器设备、教学场景、实训数据和现象进行完全虚拟,达到现实仪器设备的实训效果,并且在出现误操作时只会给予相应的提示,而不会导致实验成本的提高。教学资源模块包括大量的实验实训相关文字、图片、视频等资料。学习交流模块是学生之间、师生之间互相帮助的地方,可分享实验实训过程中遇到的问题及解决办法。分析决策模块作为虚拟实验实训系统的核心,完成实验实训数据分析、错误分析、过程模拟、策略选择等功能。虚拟实验实训模块是系统的重要组成部分,学生通过此模块在非常逼真的虚拟实验实训环境中完成相关内容的训练。评估反馈模块对实验实训全过程进行实时评估,采集实验实训数据,反馈实验实训效果。随着教育改革的深入和虚拟现实技术的发展,虚拟实验实训内容、手段、模式都将发生深刻的变革,实验实训模式将向着校内、校外实验实训基地与虚拟实验实训相结合的教育模式发展。

6.5.2 产品发展策略

(1)产品技术要走向成熟

屏幕刷新率、屏幕分辨率、延迟和设备计算能力等逐渐成熟,输入设备姿态矫正、复位功能、精准度、延迟,传输设备提速和无线化,更小体积硬件下的续航能力和存储容量,配套系统和中间件开发等技术能力也将日趋完善。

(2)产品内容要更加丰富

目前,已经有大量内容公司投入虚拟现实内容的开发制作,未来几年,包括专业生产内容(Professional-Generated Content,PGC)、用户生产内容(User-Generated Content,UGC)、影视剧、直播以及游戏等虚拟现实内容的数量和质量将会得到质的提升。基于这些内容,虚拟现实设备的普及率和活跃率将得到坚实保障。

(3)产品主流形态要发生更迭

VR产品主要包括电脑端、移动端和一体机三种形态。其中,电脑端具有高配置、体验效果佳等优势,是目前最被推崇和看好的VR形态,也是市场上数量最多的VR产品。相对而言,虽然被众多手机厂商捧起的移动VR更方便,但在体验上与电脑端产品相差很大,在VR最主要的沉浸感和交互性方面难以达到用户标准,当前仍难以满足多数人需求。而作为技术含量最高的VR一体机,既包含了移动VR的方便性和便捷性,也包含了电脑端VR的高体验感,在VR领域毫无疑问是最优秀的产品。虽然面临着处理芯片研发不足、内容缺失和智能化程度低等一系列问题,但一体机将会成为未来VR产品的主流形态。

6.5.3 市场发展策略

目前,VR设备标准尚不统一,不同品牌产品纷纷涌现,因此硬件厂商纷纷搭建平台,并开放自己的软件开发工具包,意图建立自己的生态系统。西安象呈网络科技有限公司拥有专注于增强现实行业的技术社区、行业媒体和教育的网络平台——ARinChina.com网站,开放了各类软件开发工具包、硬件设备及内容服务在内的开发及测试系统,与德国Metaio(apple)、奥地利Wikitude、以色列ENTITI、Vuforia(PTC)等技术厂商建立了密切合作关系。未来VR设备的生态系统之争将会愈演愈烈,已成功建立生态系统的厂商将占据更大优势。就陕西而言,硬件市场已经有较为成熟的厂商,其拥有巨大先发优势,在国内市场处于领先位置。而且硬件对资金要求较高,留给创业团队的机会已经不多,大批硬件创业公司的死亡也表明VR硬件领域生存艰难,因而VR内容制作市场相对来说更适合初创团队进入。目前VR内容方面尚缺少标杆性产品,也没有统一的标准,且内容相比硬件来说更具多元化,依靠小规模团队也能制作出具有竞争优势的产品。可以预计,未来 VR 市场很可能会是硬件厂商几家独大、内容厂商百花齐放的局面。

(1)加强战略规划和顶层设计

以虚拟现实技术在工业、文化、教育、娱乐和医疗等领域带来的广阔前景为契机,设计虚拟现实与各领域融合发展的路线图,为产业发展明确思路并提供政策引导。

(2)推动关键技术产品研发及产业化

出台产业促进政策,组织产、学、研、用各方面力量解决关键共性技术问题。鼓励开发具有更好使用体验的创新性产品,让虚拟现实真正成为拉动信息消费的增长点。结合"中国制造 2025"和"互联网+"行动计划的实施,选取若干领域作为虚拟现实应用推广的突破口,逐步推广虚拟现实应用领域,设立应用示范区。

(3)扶持创新创业企业

在社会资本对虚拟现实热度持续走高的背景下,结合大众创业、万众创新,聚合更多技术团队和小微企业从事虚拟现实产业的设计、开发、制造和内容提供等工作。提供政策与资金扶持,鼓励技术创新投入、内容开发投入,帮助虚拟现实产品建立更多更丰富的内容平台,聚拢研发型科技人才。

(4)推动建立标准化体系

鼓励本地虚拟现实企业积极参与国际相关标准化工作,将中国自主知识产权技术融合到国际标准中,并适时转化为国家标准。鼓励企业联合各相关社会组织快速出台团体标准,形成标准先行、保障应用的良好态势,为尽快出台虚拟现实相关国家和行业标准创造条件。推动建立虚拟现实技术、产品和系统评价指标体系,开发相应的评价工具,保障虚拟现实产品性能和质量。

(5)推动形成完善的产业链

支持建立虚拟现实产业合作平台,推动产业界的技术和人才交流,为产业链上下游协作和配合提供服务,形成硬件、软件和内容协同发展的局面。促进产学研用相结合,形成一批具有国际先进水平的人才团队,构建从基础研究、技术开发、产品设计、内容制作、渠道建设、质量检验到售后服务一条龙的产业体系和生态圈。

6.5.4 应用推广策略

(1)推进"VR+服务产业"

快速构建产业公共服务体系。虚拟现实产业化与资源共享能力,加强面向兼容通用、用户体验、安全可靠等方面的产品检测认证服务。大力发展关键技术研发服务、测试验证、标准认证、大数据开放服务、创新创业服务、用户信息保护评级及应用软件认证等第三方专业化服务企业和公共服务平台,加快原型产品研发与版本迭代速度。

(2)推进"VR+旅游产业"

西安是世界四大文明古都,拥有悠久的历史文化,受制于文物遗址与历史时空限制,缺乏展示汉唐盛世文化的有效方式,无法激活西安文化旅游的独特魅力。VR+旅游产业可以有效克服这一弱点,培育形成西安文化旅游发展新优势。借鉴IBM与故宫博物院合作推出的"超越时空的紫禁城",借助陕籍名导演艺资源,通过虚拟现实技术打造西安印象,活化兵马俑、明城墙、大雁塔、大明宫等景区,穿越时空,立体展现秦韵唐风。鼓励陕西文化传媒旅游集团、西安曲江文化产业投资集团等企业建设虚拟现实产业主题公园,在西安、汉中、韩城等文化遗址、景区景点、文化街区开发虚拟现实旅游体验项目,支持航空、航天、军工各类虚拟现实体验馆发展。

(3)推进"VR+文化产业"

依托西安高新区、曲江新区,积极引进文化影视领域企业,引导企业在动漫、影视、新闻、广告、演艺、展会等板块拓展虚拟现实应用,发展虚拟现实直播频道、主体乐园、购物商场等,通过虚拟现实形成的全新文化传播方式,逐步培育健全虚拟文化市场。VR+游戏目前是商业化最成功的领域之一。尤其要发挥西安高新区手机视频与动漫游戏产业的独特优势,重点推动游戏和手机视频与虚拟现实深度融合发展。

(4)推进"VR+科教产业"

以现代化教育改革为契机,制定虚拟现实教育计划,稳步有序推进虚拟现实技术在教育领域的应用。依托西安高校、中专职校,创建虚拟现实教育应用示范基地,通过建设虚拟现实科技馆、教育馆、艺术馆,示范推广虚拟现实技术在医学、艺术、地理等教育工作中的应用。深度开发科技教育系列产品,创建西部虚拟现实教育产品基地。

附 录

附录1 陕西省动漫接受状况调查问卷

尊敬的女士/先生：

您好！非常感谢您能抽出宝贵时间填写关于动漫接受状况的问卷调查。进行这次调查,除了了解您对动漫的喜爱和接受情况外,还想获得您对陕西发展原创动漫的宝贵意见和建议。您的回答对我们的调查很重要,希望得到您的支持和配合。谢谢您的合作！

2019 年 7 月

[　　]1. 您的性别：

A. 男　　　　　　　　B. 女

[　　]2. 您的年龄段(见附图2-1和附图2-2)：

A. 10 岁或 10 岁以下　　B. 11～14 岁　　　　C. 15～18 岁

D. 19～24 岁　　　　　 E. 25～30 岁　　　　F. 30 岁以上

[　　]3. 您的文化程度：

A. 大学及以上　　　　　B. 高中

C. 初中　　　　　　　　D. 小学

[　　]4. 您对于动漫的喜好程度？

A. 非常喜欢　　　　　　B. 喜欢　　　　　　C. 没感觉

D. 讨厌　　　　　　　　E. 非常讨厌

[　　]5. 您认为动漫对您的生活和学习有影响吗？

A. 有益处　　　　　　　B. 说不清　　　　　C. 没影响

D. 有坏处　　　　　　　E. 有益有弊

[　　]6. 您喜欢哪类动漫作品？（可多选）

A. 卡通读物　　　　　　B. 卡通动画

C. 卡通玩偶　　　　　　D. 动漫游戏

[　　]7. 您喜欢哪种动漫相关产品？（可多选）

A. 玩具　　　　　　　　B. 服装　　　　　　C. 主题公园

[   ]8.动漫在哪一方面最容易吸引您的注意力?(可多选)
A.人物造型设计　　　　B.故事情节　　　　C.特技效果
D.音效语言　　　　　　E.其他方面

[   ]9.您感兴趣的动漫题材是什么?(可多选)
A.喜剧.搞笑　　　　　B.哲理性　　　　　C.教育性
D.格斗　　　　　　　　E.惊恐　　　　　　F.爱情
G.科幻　　　　　　　　H.探险　　　　　　I.其他

[   ]10.您对动漫里出现成人化内容是否接受?
A.完全接受　　　　　　B.基本接受
C.依情况而定　　　　　D.不能接受

[   ]11.您喜欢哪个国家和地区的动漫作品?(可多选)
A.中国大陆地区　　　　B.中国港澳台地区　　C.日本
D.韩国　　　　　　　　E.欧美　　　　　　　F.其他国家和地区

[   ]12.您每月花费在动漫上的时间有多少?
A.10个小时以内　　　　B.11～50个小时
C.51～100个小时　　　 D.100个小时以上

[   ]13.您每月在动漫上花多少钱?
A.10元以下　　　　　　B.10～50元　　　　　C.50元以上
D.看情况　　　　　　　E.从不

[   ]14.您认为通过手机平台看Flash动画、漫画有前景吗?
A.有　　　　　　　　　B.没有　　　　　　　C.说不清

[   ]15.您是否完整观看过一部或一部以上的陕西原创动漫作品?
A.有　　　　　　　　　B.没有　　　　　　　C.不知道

[   ]16.《丝路少年》、《大话李白》、《猫和老鼠》(陕西方言版)、《星际家园》(网络游戏)等陕西原创动漫作品中,您看过或对其有一定了解的有几部?
A.0部　　　　　　　　B.1部
C.2～3部　　　　　　　D.4部

[   ]17.您是否愿意消费"陕西原创动漫"?(如去电影院看陕西动漫电影或是购买正版光碟、玩具等动漫的衍生产品等)
A.非常愿意　　　　　　B.不一定,要看是否值得
C.不愿意

[   ]18.您认为陕西原创动漫在哪方面最为薄弱?(可多选)
A.动漫故事剧情　　　　B.加工制作技术

C. 动漫造型美术设计　　　　D. 经营战略策划

E. 不了解

[　]19. 您认为陕西建动漫主题公园有价值吗？

A. 有　　　　　　　　B. 没有　　　　　　　　C. 不知道

[　]20. 您对陕西未来动漫及相关产业发展的态度？

A. 充满信心　　　　　　　B. 一般

C. 不知道,不了解情况

D. 市场都被西方动漫和日本动漫占领,要有大的发展是不可能的

21. 您对陕西发展动漫产业还有什么新的建议和意见？

我们的问卷调查到这里就要结束了,非常感谢您的支持与合作。如果您对本次调查所涉及的问题还有什么看法,请指出。当然也欢迎您对本次调查提出批评和建议。再一次感谢您。祝您如意!

附录2　陕西省动漫接受状况调查问卷结果分析

动漫接受状况问卷调查总体数据分析图

1. 您的性别(见附图1-1和附图1-2)：

A. 男　　　　　　B. 女

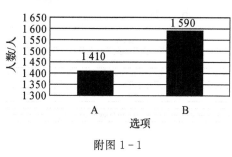

附图1-1

附图1-2

调查数据统计显示:被调查总人数为 3 000 人,其中男性为 1 410 人,女性为 1 590 人。填写调查问卷的女性人数稍高出男性人数。

2.您的年龄段(见附图 2-1 和附图 2-2):

A. 10 岁或 10 岁以下　　　　B. 11~14 岁　　　　C. 15~18 岁

D. 19~24 岁　　　　　　　　E. 25~30 岁　　　　F. 30 岁以上

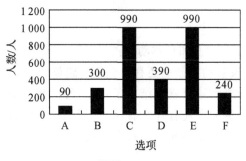

附图 2-1

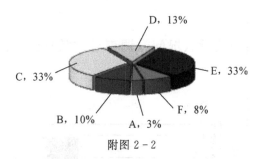

附图 2-2

调查数据统计显示:其中 15~18 岁、25~30 岁的填写调查问卷的人数较多,均达至 33%。

3.您的文化程度(见附图 3-1 和附图 3-2):

A. 大学及以上　　　　B. 高中　　　　C. 初中　　　　D. 小学

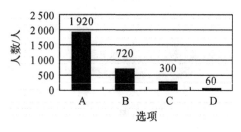

附图 3-1

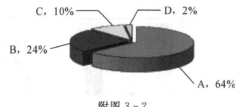

附图 3-2

调查数据统计显示:在被调查者中,大学及以上的文化程度者高达64%。

4.您对于动漫的喜好程度(见附图4-1和附图4-2)?

A.非常喜欢　　　　　　B.喜欢　　　　　　C.没感觉

D.讨厌　　　　　　　　E.非常讨厌

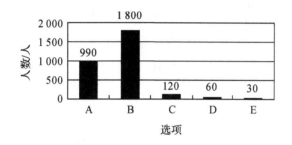

附图 4-1

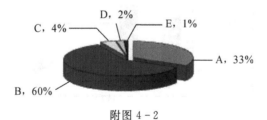

附图 4-2

调查数据统计显示:高达93%的被调查者都喜欢或非常喜欢动漫。

5.您认为动漫对您的生活和学习有影响吗(见附图5-1和附图5-2)?

A.有益处　　　　　　B.说不清　　　　　　C.没影响

D.有坏处　　　　　　E.有益有弊

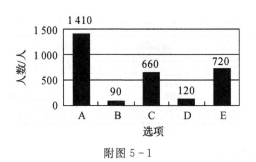

附图 5-1

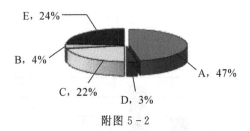

附图 5-2

调查数据统计显示:47%被调查者认为动漫对生活和学习有益处,只有4%的被调查者认为有坏处。

6.您喜欢哪类动漫作品(见附图6-1和附图6-2)?

A.卡通读物　　B.卡通动画　　C.卡通玩偶　　D.动漫游戏

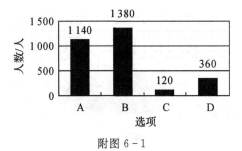

附图 6-1

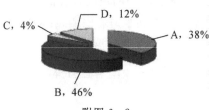

附图 6-2

调查数据统计显示:46%的被调查者喜欢卡通读物,38%的被调查者喜欢卡通动画,12%的被调查者喜欢动漫游戏,只有4%的被调查者喜欢卡通玩偶。

7.您喜欢哪种动漫相关产品(见附图7-1和附图7-2)?
　　A.玩具　　　　　　　　B.服装　　　　　　　　C.主题公园

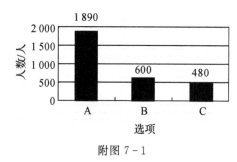

附图7-1

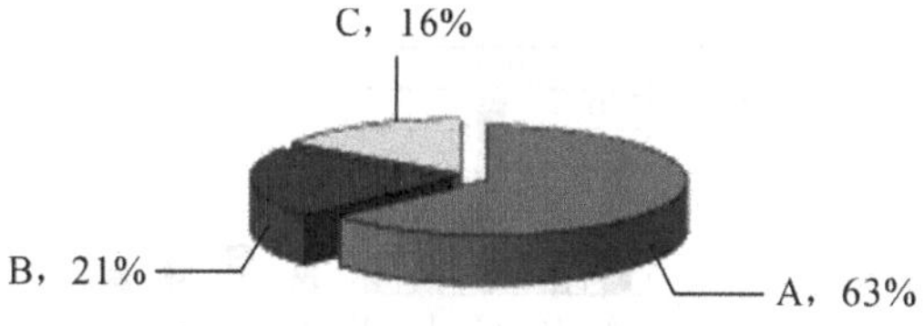

附图7-2

调查数据统计显示:在动漫的周边产品中,玩具最受被调查者的欢迎,高达63%。

8.动漫在哪一方面最容易吸引您的注意力(见附图8-1和附图8-2)?
　　A.人物造型设计　　　　B.故事情节　　　　　　C.特技效果
　　D.音效语言　　　　　　E.其他方面

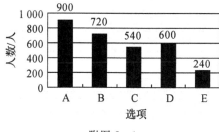

附图8-1

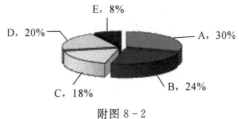

附图 8-2

调查数据统计显示,动漫往往以人物造型设计、故事情节、音效语言和特技效果这样的顺序吸引人们的注意力。

9.您感兴趣的动漫题材是什么(见附图9-1和附图9-2)?

A.喜剧.搞笑　　　　　B.哲理性　　　　　C.教育性
D.格斗　　　　　　　E.惊恐　　　　　　F.爱情
G.科幻　　　　　　　H.探险　　　　　　I.其他

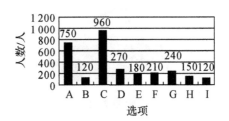

附图 9-1

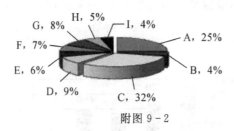

附图 9-2

调查数据统计显示,被调查者对教育性和搞笑类的动漫题材比较感兴趣。

10.您对动漫里出现成人化内容是否接受(见附图10-1和附图10-2)?

A.完全接受　　B.基本接受　　C.依情况而定　　D.不能接受

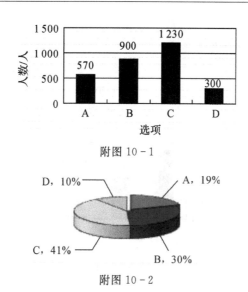

附图10-1

附图10-2

调查数据统计显示:被调查者对动漫里出现的成人化内容,有41%依情况而定,有30%会基本接受。

11. 您喜欢哪个国家和地区的动漫作品(见附图11-1和附图11-2)?

A. 中国大陆地区　　　B. 中国港澳台地区　　　C. 日本
D. 韩国　　　　　　　E. 欧美　　　　　　　　F. 其他国家和地区

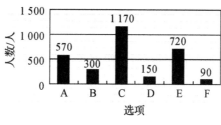

附图11-1

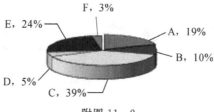

附图11-2

调查数据统计显示:日本动漫最受喜欢,其次是欧美动漫,中国大陆动漫仅受到19%的被调查者的喜欢。

12.您每月花费在动漫上的时间有多少(见附图12-1和附图12-2)?

A.10个小时以内　　B.11~50个小时

C.51~100个小时　　D.100个小时以上

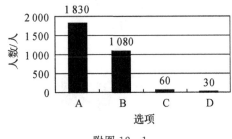

附图12-1

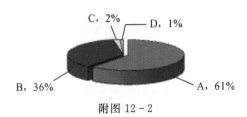

附图12-2

调查数据统计显示:大部分被调查者每月花在动漫上的时间比较少,10小时以内的有61%,50小时以内的有36%。

13.您每月在动漫上花多少钱(见附图13-1和附图13-2)?

A.10元以下　　　　B.10~50元　　　　C.50元以上

D.看情况　　　　　E.从不

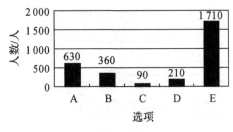

附图13-1

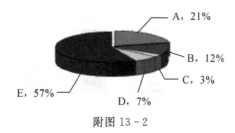

附图13-2

调查数据统计显示:大部分被调查者每月在动漫上几乎不花钱,这个比例高达57%。

14.您认为通过手机平台看Flash动画、漫画有前景吗(见附图14-1和附图14-2)?

  A.有   B.没有   C.说不清

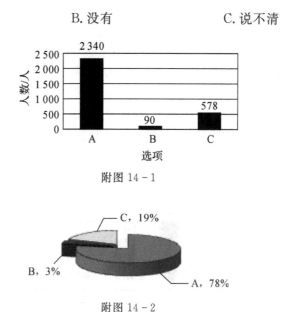

附图14-1

附图14-2

调查数据统计显示:高达78%的被调查者认为手机动漫很有前景。

15.您是否完整观看过一部或一部以上的陕西原创动漫作品(见附图15-1和附图15-2)?

  A.有   B.没有   C.不知道

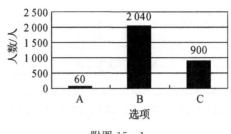

附图 15-1

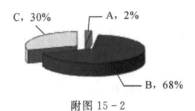

附图 15-2

调查数据统计显示:没有观看过或不知道陕西原创动漫作品的被调查者高达98%,只有2%的被调查者完整观看过陕西原创动漫作品。

16.《丝路少年》、《大话李白》、《猫和老鼠》(陕西方言版)、《星际家园》(网络游戏)等陕西原创动漫作品中,您看过或对其有一定了解的有几部(见附图16-1和附图16-2)?

A.0部　　　　B.1部　　　　C.2~3部　　　　D.4部

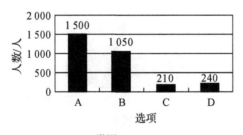

附图 16-1

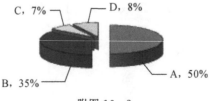

附图 16-2

调查数据统计显示:有一半的被调查者没有看过陕西原创动漫作品。

17.您是否愿意消费"陕西原创动漫"(如去电影院看陕西动漫电影或是购买正版光碟、玩具等动漫的衍生产品等;见附图 17-1 和附图 17-2)?

  A.非常愿意　　　　　　B.不一定,要看是否值得
  C.不愿意

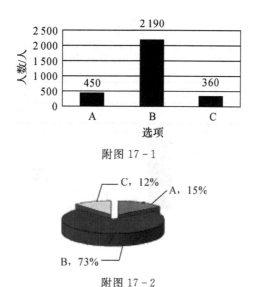

附图 17-1

附图 17-2

调查数据统计显示:在陕西原创动漫的消费上,大部分被调查者十分理性,选择"不一定,要看是否值得"的占 73%。

18.您认为陕西原创动漫在哪方面最为薄弱(见附图 18-1 和附图 18-2)?

  A.动漫故事剧情　　　　B.加工制作技术
  C.动漫造型美术设计　　D.经营战略策划
  E.不了解

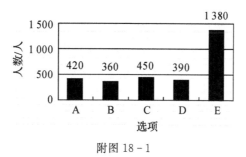

附图 18-1

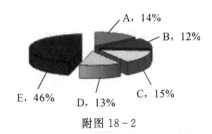

附图 18-2

调查数据统计显示:近一半(46%)的被调查者不了解陕西原创动漫。

19.您认为陕西建动漫主题公园有价值吗(见附图 19-1 和附图 19-2)?

  A.有   B.没有   C.不知道

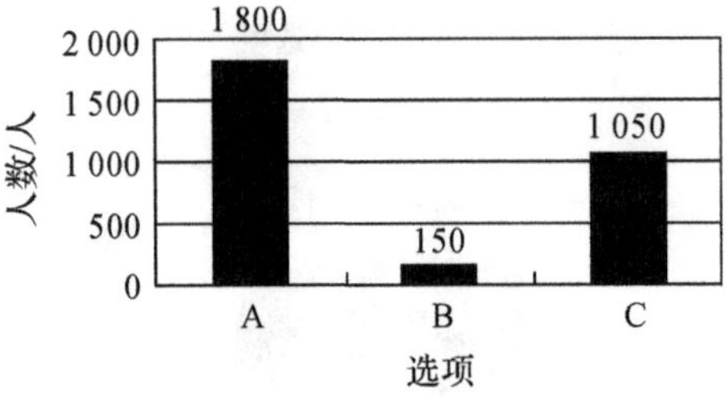

附图 19-1

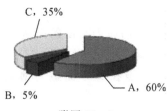

附图 19-2

调查数据统计显示:高达 60% 的被调查者认为陕西建动漫主题公园有价值。

20.您对陕西未来动漫及相关产业发展的态度(见附图 20-1 和附图 20-2)?

  A.充满信心   B.一般

  C.不知道,不了解情况

  D.市场都被西方动漫和日本动漫占领,要有大的发展是不可能的

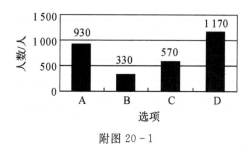

附图 20-1

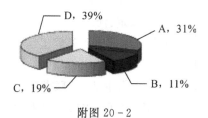

附图 20-2

调查数据统计显示：对未来陕西动漫的发展充满信心的占31％，认为陕西动漫有大的发展是不可能的占39％，其余认为一般或不知道。

参 考 文 献

[1] 邓新华.中国古代接受诗学[M].武汉:武汉出版社,2000.
[2] 谭玲,殷俊.动漫产业[M].成都:四川大学出版社,2006.
[3] 陈景春.文艺编辑学[M].天津:天津教育出版社,1992.
[4] 李国华.文学批评学[M].保定:河北大学出版社,1999.
[5] 刘小枫.接受美学的真实意图:《接受美学文选》编后[J].读书,1981(1):21-25.
[6] 刘小枫.接受美学译文集[M].北京:三联书店,1989.
[7] 秦俊香.影视接受心理[M].北京:中国传媒大学出版社,2006.
[8] 夏放.美学简论[M].济南:山东人民出版社,1984.
[9] 陆广智.基础美学[M].合肥:安徽人民出版社,1988.
[10] 张奇.儿童审美心理发展与教育[M].北京:北京师范大学出版社,2000.
[11] 皮亚杰.儿童的心理发展[M].傅先统,译.济南:山东教育出版社,1982.
[12] 邱明正.审美心理学[M].上海:复旦大学出版社,1993.
[13] 马以鑫.接受美学新论[M].上海:学林出版社,1995.
[14] 陈奇佳,宋晖.日本动漫影响力调查报告:当代大学生文化消费偏好研究[M].北京:人民出版社,2009.
[15] 百度公司.百度一下:互联网时代的2008年度记忆[M].北京:中信出版社,2009.
[16] 刘津津.宫崎骏动画电影的审美现代性[D].武汉:华中师范大学,2007.
[17] 贝尔森,布雷姆纳.凯蒂猫的商业奇迹[M].张鸥,译.北京:电子工业出版社,2004.
[18] 韦斯坦因.比较文学与文学理论[M].刘象愚,译.沈阳:辽宁人民出版社,1987.
[19] 刘叔成,夏之放,楼昔勇,等.美学基本原理[M].上海:上海人民出版社,1984.

[20] 金惠敏,霍桂桓,刘悦笛,等.西方美学史:第四卷[M].北京:中国社会科学出版社,2008.
[21] 李四达.迪士尼动画艺术史[M].北京:清华大学出版社,2009.
[22] 北京大学哲学系美学教研室.西方美学家论美和美感[M].北京:商务印书馆,1980.
[23] 李丹芬.群众合唱精品曲库[M].上海:上海音乐出版社,2001.
[24] 费瑟斯通.消费文化与后现代主义[M].刘精明,译.南京:译林出版社,2000.
[25] 凌继尧,徐恒醇.艺术设计学[M].上海:上海人民出版社,2006.
[26] 薛艳平.世界动画电影大师[M].北京:中国传媒大学出版社,2006.
[27] 陈瑛.动画的视觉传播[M].武汉:武汉大学出版社,2007.
[28] 科林伍德.艺术原理[M].王至元,陈华中,译.北京:中国社会科学出版社,1985.
[29] 郭肖华,刘蔚.动漫艺术与作品欣赏[M].北京:高等教育出版社,2007.
[30] 胡经之.文艺美学[M].北京:北京大学出版社,1999.
[31] 朱希祥.当代文化的哲学阐释[M].上海:华东师范大学出版社,2005.
[32] 袁锐锷,张季娟.外国教育史纲[M].广州:广东高等教育出版社,2002.
[33] 陶东风,金元浦.文化研究:第三辑[M].天津:天津社会科学院出版社,2002.
[34] 尧斯.接受美学与接受理论[M].周宁,金元浦,译.沈阳:辽宁人民出版社,1987.
[35] 郭虹.中国动画传播状况研究[D].上海:复旦大学,2003.
[36] 张晶.美学前沿:第2卷(在审美与娱乐之间)[M].北京:北京广播学院出版社,2003.
[37] 山东大学中文系古典文学教研室.中国古代文学作品选[M].济南:山东人民出版社,1980.
[38] 马尔库塞.工业社会和新左派[M].任立,编译.北京:商务印书馆,1982.
[39] 孟建.中国电影文化发展的战略性思考[J].南方论坛,2001(2):25-27.
[40] 周宪.文化研究:第三辑[M].天津:天津社会科学院出版社,2002.
[41] 孟建.影视文化的历史转向[C]//胡智锋.影视文化前沿——"转型期"大众审美文化透视(上).北京:北京广播学院出版社,2004.

[42] 韦森.经济学与哲学:制度分析的哲学基础[M].上海:上海人民出版社,2007.

[43] 方松林.西安历史文化街区的复兴与城市触媒[J].作家,2012,20:259-260.

[44] 张慧.美国动漫产业发展状况[J].科技经济透视,2005(8):28.

[45] 汪宁,高博.中外动漫史[M].上海:上海美术出版社,2007.

[46] 王逍.人类学视野中非物质文化遗产的创新式保护[M]//陈华文.非物质文化遗产研究集刊:第一辑.北京:学苑出版社,2008.

[47] 符霞.旅游对非物质文化遗产的影响研究:以西塘古镇为例[D].北京:北京林业大学,2007.

[48] 王文章.非物质文化遗产概论[M].北京:文化艺术出版社,2006.

[49] 中国文化报.非物质文化遗产的产业化之惑[N].中国文化报,2006-02-23(03).

[50] 吴馨萍.无形文化遗产概念初探[J].中国博物馆,2006(1):66-70.

[51] 杨怡.非物质文化遗产概念的缘起、现状及相关问题[J].文物世界,2003(2):27-30.

[52] 陈建勤.我国国内旅游消费[J].社会科学家,2001(5):21-24.

[53] 刘军萍.国外乡村旅游管理者与经营者角色定位之启示[J].旅游学刊,2006,(4):8-10.

[54] 卢云亭.两类乡村旅游地的分类模式及发展趋势[J].旅游学刊,2006(4):6-8.

[55] 刘德谦.乡村旅游、农业旅游与民俗旅游:关于乡村旅游、农业旅游与民俗旅游的个人诠释[J].昆明大学学报,2005,16(增刊1):1-5.

[56] 高楠.文化创意产业:民俗旅游开发的创新载体[J].康定民族师范高等专科学校学报,2009(1):73-77.

[57] 徐红罡,万小娟.民族历史街区的保护和旅游发展:以西安回民街为例[J].北方民族大学学报,2009(1):80-85.

[58] 高丙中.中国人的生活世界:民俗学的路径[M].北京:北京大学出版社,2010.

[59] 刘魁立.从人的本质看非物质文化遗产[J].江西社会科学,2005(1):95-101.

[60] 郝梅.动漫产业商业化的研究[J].中国商贸,2012(13):239-240.

[61] 单联香.动漫产业集群发展的经验启示[J].中国国情国力,2016(6):

59-61.

[62] 李家国.中国动漫产业结构优化研究[M].南京:南京大学出版社,2012.

[63] 丛红艳,米高峰.从艺术特性视角看动画的本质与发展趋势[J].陕西科技大学学报,2006(2):122-125.

[64] 李常庆.日本动漫产业探析[J].出版科学,2010,18(4):94-98.

[65] 项仲平,邵清风.文化创意产业与当代艺术教育创新研究[M].北京:中国广播电视出版社,2010.

[66] 蔡丰明.中国非物质文化遗产的文化特征及其当代价值[J].上海交通大学学报(哲学社会科学版),2006,14(4):64-69.

[67] 庄晓东.传播与文化概论[M].北京:人民出版社,2008.

[68] 朱祥贵.非物质文化遗产保护立法的基本原则:生态法范式的视角[J].中南民族大学学报(人文社会科学版),2006(2):98-101.

[69] 陈庆云.非物质文化遗产保护法律问题研究[J].中央民族大学学报(哲学社会科学版),2006,33(1):40-44.

[70] 张辉,产业集群竞争力的内在经济机理[J].中国软科学,2003(1):70-74.

[71] 刘恒江,陈继祥.产业集群竞争力研究述评[J].外国经济与管理,2004,26(10):2-9.

[72] 魏守华.产业群的动态研究以及实证分析[J].世界地理研究,2002(3):16-24.

[73] 赵梅链,郭荣春,梁青.西安动漫产业集群发展路径分析[J].新西部(上旬刊),2017(5):52-54.

[74] 胡晓明,肖春晔.文化经纪理论与实务[M].广州:中山大学出版社,2014.

[75] 卫林英,周思佳.智力资本对企业绩效影响的实证研究:以西安软件服务外包企业为例[J].经济研究导刊,2017(16):3-7,11.

[76] 李瑞.信息化环境下经济责任审计创新探析[J].财会通讯,2016(11):123-124.

[77] 谢克林.从花鼓灯的保护探讨非物质文化遗产保护机制体系的构建[J].北京舞蹈学院学报,2004(4):57-61.

[78] 夏挽群,陈江风.河南非物质文化遗产的历史、现状及抢救保护[J].河南社会科学,2007(1):35-37.

[79] 梁钟承.韩国的文化保护政策:无形文化财与它的持有者[EB/OL].李斯颖,译.[2018-05-02].http://www.ihchina.cn/inc/detail.jsp.

[80] 郝朴宁,李丽芳.民族文化传播理论描述[M].昆明:云南大学出版社,2007.

[81] 马翀炜,陈庆德.民族文化资本化[M].北京:人民出版社,2004.

[82] 哈耶克.致命的自负[M].冯克利,胡晋华,译.北京:中国社会科学出版社,2000.

[83] 张鸿,齐晶晶,冯家臻.推进西部地区信息化与工业化融合创新研究[J].北京邮电大学学报,2011,13(6):13-18.

[84] 郭远冬.体育应用人工智能的价值与发展思路研究[J].运动,2018,189(13):145-146.

[85] 曹宇,刘正.人工智能应用于体育的价值、困境与对策[J].体育文化导刊,2018,197(11):35-39.

[86] 吴国文.住房城乡建设部国家发展改革委财政部联合发文:培育千个特色小镇实现首个百年2016年目标[N].中国建设报,2016-07-21(002).

[87] 闵学勤.精准治理视角下的特色小镇及其创建路径[J].同济大学学报(社会科学版),2016(5):55-60.

[88] 孙立.体育应用人工智能的价值、困境与对策研究:李世石完败于AlphaGo的启示[J].南京体育学院学报(社会科学版),2017(5):98-101.

[89] 王学彬,项贤林.体育特色小镇建设:域外经验与中国路径[J].上海体育学院学报,2018,42(4):62-67,80.

[90] 周进,钟丽萍.汨罗市长乐古镇体育特色小镇建设的可行性分析[J].湖北体育科技,2019,38(3):197-201.

[91] 谢经良,孙晋海,曹莉.大数据时代我国体育产业发展的机遇、挑战与对策[J].上海体育学院学报,2015,39(4):59.

[92] 刘颖.人工智能背景下竞技体育变革趋势研究:基于半机械式运动员的伦理学思考[J].四川体育科学,2018,37(5):61-64.

[93] 周晓虹.产业转型与文化再造:特色小镇的创建路径[J].南京社会科学,2017(4):12-19.

[94] 张月蕾,张宝雷,杜辉,等."健康中国"背景下体育特色小镇创建路径研究[J].哈尔滨体育学院学报,2018(1):41-45.

[95] 吴立强.产城融合背景下我国体育小镇的发展路径分析[J].体育成人教育学刊,2018,34(1):58.

[96] 张鸿,范阳梓,关启轩,等.区域"四化"同步发展水平评价[J].西安邮电大学学报,2015,20(4):84-91.

[97] 寇晓娜.浅谈人工智能对我国竞技体育发展的影响和启示[J].当代体育科技,2018,8(28):209-210.

[98] 曾江.慈锋新型城镇化背景下特色小镇建设[J].宏观经济管理,2016(12):51-56.

[99] 邹月辉,孝飞燕."互联网+"与公共体育服务对接路径研究[J].山东体育科技,2017,39(3):88.

[100] 陈毅清.产业融合视角下我国体育文化产业发展研究[J].河北体育学院学报,2017,31(5):26.

后　　记

　　世界各国对文化产业的理论研究给予了极大的关注。国外学者对文化产业的研究起步较早,主要集中在文化产业的概念、保护发展、管理研究等方面。日本、美国的文化产业输出在中国被广泛接受对经济、文化、精神等方面也产生了一系列巨大的影响,在给中国文化产业发展带来启示的同时,也值得我们反省、深思。近年来,广东、江苏、贵州等地积极探索文化产业的全产业链建设,从投融资、项目对接、交易平台、消费市场等方面,形成了较为完整的文化产业体系,文化与经济良性互动的效应明显。这对陕西省大力发展文化产业也有极大的借鉴意义与推动作用。

　　未来一批大型传媒企业、传统文化企业正通过文化、金融、科技等的融合,开辟出一条快速发展的道路,加速陕西省文化产业升级和转型。前瞻产业研究院《中国文化产业发展前景预测与产业链投资机会分析报告》数据显示,未来数年,中国的文化产业要成为国家战略性支柱产业,文化产业的增长比例每年至少要达到15%以上。相关文化产业的从业人员会越来越多,市场潜力巨大。